Geschenke kreativ verpacken

Gill Dickinson

Geschenke kreativ verpacken

Originelle Ideen
für alle Gelegenheiten

Bassermann

Der Text dieses Buches entspricht den Regeln
der neuen deutschen Rechtschreibung.

ISBN 3-8094-1017-9

© 2001 by Bassermann Verlag in der Verlagsgruppe FALKEN/Mosaik,
einem Unternehmen der Verlagsgruppe Random House GmbH,
65527 Niedernhausen/Ts.
© der englischen Originalausgaben 1997 und 1998 by Tucker Slingsby Ltd
Originaltitel: Creative Gift Wrapping und Green Gifts
Die Verwertung der Texte und Bilder, auch auszugsweise, ist ohne Zustimmung des
Verlags urheberrechtswidrig und strafbar. Dies gilt auch für Vervielfältigungen, Übersetzungen, Mikroverfilmung und für die Verarbeitung mit elektronischen Systemen.

Fotos: Debbie Patterson, Andrew Sydenham und Liz Eddison
Zeichnungen: Kate Simunek
Gestaltung: Prue Bucknall
Übersetzung: Inge Uffelmann, Bayreuth
Redaktion: René Zey, Frechen
Herstellung: Königsdorfer Medienhaus, Frechen

Die Ratschläge in diesem Buch sind von Autorin und Verlag sorgfältig erwogen und
geprüft, dennoch kann eine Garantie nicht übernommen werden. Eine Haftung der
Autorin bzw. des Verlags und seiner Beauftragten für Personen-, Sach- und
Vermögensschäden ist ausgeschlossen.

Satz: Königsdorfer Medienhaus, Frechen
Druck und Bindung: Milanostampa S.p.A., Mailand, Italy

817 2635 4453 6271

INHALT

Einleitung 6

MATERIALIEN UND UTENSILIEN 8
Grundausstattung 10
Papiere 12
Geschenke verpacken 14
Bänder und Schleifen 18
Umschläge 24
Schachteln, Tüten, Beutel 26

BESONDERE GELEGENHEITEN 32
Glückwünsche 34
Hochzeit 40
Geburt 46
Kindergeburtstag 52
Erwachsenengeburtstag 58
Valentinstag 64
Ostern 70
Muttertag 76
Vatertag 82
Traditionelle Weihnacht 88
Rustikales Weihnachtsfest 94
Blumen als Geschenk 100

IDEEN UND MUSTERVORLAGEN 116
Ideen und Techniken 118
Leitfaden für den letzten Schliff 122
Vorlagen zum Abzeichnen 128
Register 144

EINLEITUNG

Das ganze Jahr hindurch bieten sich Gelegenheiten, Geschenke auszutauschen – ob zu Weihnachten, zu Ostern oder zu individuellen Anlässen wie Geburtstag oder Hochzeit. Ein hübsch verpacktes Geschenk ist immer eine doppelte Freude für den Beschenkten.

Gekauftes Geschenkpapier, fertige Karten und Anhänger sind meist wenig originell. Selbst dekorierte Papiere, Anhänger und Karten dagegen sind Zeichen echten Interesses des Schenkers am Beschenkten. Selbst die schlichtesten Verpackungen verraten Originalität, werten damit das ganze Geschenk auf und lösen umso größere Freude aus.

Auf den folgenden Seiten werden viele interessante Methoden vorgestellt, wie man die unterschiedlichsten Geschenke verpacken kann. Die Kapitel sind nach festlichen Gelegenheiten geordnet, doch können alle Vorschläge für Arten und Weisen von Verpackungen und letztem Schliff der Kreation auch für andere Gelegenheiten verwendet werden. Besonders für Kinder, die ja meist gerne basteln, gibt es viele Anregungen. Alle, die ihr Geschenk in eine Aufsehen erregende Kreation hüllen wollen, finden mit Techniken wie Découpage, Schablonieren und Perforierung großartige Anregungen. Der illustrierte Leitfaden am Ende des Buches listet alle vorgestellten Techniken noch einmal auf, sodass man sie auf Anhieb finden kann.

Wer seine Geschenke selbst ideenreich verpacken möchte, muss nicht jedes Mal neue Materialien kaufen. Vielmehr lohnt es sich, Kästen und Schachteln, Bänder, Papiere, Karten, Stoffreste, Knöpfe und ähnliche Materialien aufzuheben und zu sammeln. Beschädigte Schachteln können mit Farbe besprüht und mit schablonierten oder ausgeschnittenen Motiven kaschiert werden. Auch bereits verwendete Grußkarten und Anhänger können oft ausgeschnitten und weiterverwendet werden.

Während des Urlaubs und bei Spaziergängen im Park oder Wald kann man brauchbare Dinge in der Natur sammeln. Sie können später als hübsche Verzierung einer Karte oder eines Geschenks dienen.

EINLEITUNG

Oft diktiert die Form des Geschenks die Art der Verpackung. Während eine runde Form, eine Dose oder Flasche, auch mit relativ steifem Material umhüllt werden kann, benötigen Bücher und Schachteln konventionellere, in jedem Fall aber flexiblere Einwickelmaterialien. Für eine Flasche kann man gut Wellpappe verwenden, für eckige Formen braucht man weiches Papier oder Stoff. Eine Schleife aus kontrastierendem Material erzeugt den besonderen Effekt. Eine Schachtel ist ideal, um die Form eines Geschenks zu kaschieren. Hat das Geschenk eine sehr asymmetrische Form, braucht man zunächst eine möglichst gerade Umhüllung.

Für einige Verpackungen benötigt man Zeit und ein gewisses handwerkliches Geschick. Doch der Aufwand lohnt sich. Schachteln, Beutel, Anhänger und Karten, die Eindruck machen, werden oft gut aufbewahrt. Eine handgefertigte Hochzeitskarte hat einen hohen Erinnerungswert, und ein bunter Weihnachtsstrumpf wird gewiss viele Jahre lang immer wieder aufs Neue mit Süßigkeiten gefüllt werden. Aus zarten Stoffen genähte Beutel mit Zugbändern aus Silber- oder Goldfaden, geschmückt mit persönlichen Motiven oder den Initialen des Beschenkten, können für fast jede Gelegenheit verwendet werden.

Doch nicht nur große Gaben sollten liebevoll verpackt werden. Gerade auch das kleine »Dankeschön« oder die Aufmerksamkeit »Zur baldigen Genesung« können und sollten individuell und fantasievoll verpackt sein. Denn eine mit Bedacht gewählte Umhüllung zeigt stets, dass man mit der Gabe auch persönliche Anteilnahme verknüpft. Mit einer handgefertigten Verpackung werden sogar gekaufte Bonbons oder eine kleine Topfpflanze zu einem Geschenk, an das sich der Beschenkte lang und gern erinnern wird.

Materialien und Utensilien

In diesem Kapitel finden sich Hinweise und Anregungen zur Auswahl von Papieren, Bändern, Farben und allen möglichen Utensilien, die zum Verpacken von Geschenken benötigt werden. Zugleich werden Tipps gegeben, wie man verschiedene Formen am besten umhüllt.

MATERIALIEN UND UTENSILIEN

CHECKLISTE

Zur Dekoration
Gebrauchsfertige Plakatfarbe oder deckende Wasserfarben
Colorspray
Goldbronzepulver
Strukturfarbe
Glitterglue
Entfärber
Pinsel
Kreiden
Gummistempel
Gebrauchsfertige Dekorationen

Zum Schneiden, Lochen und Perforieren
Große und kleine Papierscheren
Zackenschere
Cutter
Schneideunterlage
Stahllineal
Maßband
Locher
Stecknadel mit Kopf oder Stopfnadel

Zur Motivübertragung
Bleistifte
Filzschreiber
Kopierpapier
Abdeckband
Tonkarton oder Pappe für Schablonen

Kleber
Transparentes doppelseitiges Klebeband
Abdeckband
Papier- oder Alleskleber
Selbstklebende Lochverstärkungsringe
Beidseitig klebende Schaumgummiplättchen

GRUNDAUSSTATTUNG

Die meisten Werkzeuge und Utensilien, die zum Verpacken von Geschenken benötigt werden, finden sich in einem normal ausgestatteten Haushalt. Außerdem sollte man für eine genügend große, flache Arbeitsfläche und gutes Licht sorgen.

Die nebenstehende Liste gibt einen raschen Überblick. Was man zusätzlich für besondere Techniken benötigt, steht in den entsprechenden Kapiteln.

FÜR BESONDERE DEKORATIONEN

Um Geschenkpapier mit gerissenen, geschnittenen oder perforierten Motiven zu verzieren, benötigt man verschiedene Papiere sowie Scheren oder Nadeln. Andere Techniken erfordern Farben, Kreide oder Gummistempel.

ÜBLICHE FARBEN Gebrauchsfertige Plakatfarben sind am preiswertesten, um Geschenkpapier, Anhänger oder Karten zu bemalen. Sie sehen nach dem Trocknen matt aus und können unverdünnt verwendet werden oder man verdünnt sie für Spritztechniken mit Wasser. Deckende Wasserfarben sind wie Plakatfarben wasserlöslich. Hochwertige, speziell für Gouachen geeignete Farben gibt es als dicke Paste in Tuben.

Colorsprays sind nützlich, wenn man Schachteln einfärben oder mit Schablonenmotiven versehen will. Diese Farben auf Acrylbasis trocknen schnell, sollten aber nur in gut belüfteten Räumen verwendet werden.

BESONDERE FARBEN Farbpulver werden mit Wasser angerührt und wirken nach dem Trocknen leicht kreidig. Sie sind besonders geeignet, wenn man Metallic-Effekte erzielen oder Objekte versilbern bzw. vergolden möchte.

Geschäfte, die Farben und andere Utensilien für den Bedarf von Künstlern verkaufen, haben viele andere Farben im Angebot, darunter auch Strukturfarbe und Glitterglue. Diese beiden werden in Tuben oder kleinen Plastikflaschen mit länglichen, dünnen Tüllen angeboten und können direkt aus diesen Behältern aufgetragen werden. Während sie trocknen, bilden sie farbige Strukturen und leicht erhabene Muster.

Recht ungewöhnlich ist die Idee, farbiges Papier mit Entfärber zu dekorieren. Das Bleichmittel wird dabei mit Wasser vermischt und zum partiellen Ausbleichen des Papiers verwendet, sodass blasse Motive auf Seiden- oder Krepppapier entstehen (siehe Seiten 72 und 73).

GRUNDAUSSTATTUNG

PINSEL Für die verschiedenen Techniken benötigt man Pinsel mit weichen oder härteren Borsten. Eine alte Zahnbürste ist vor allem für die Spritztechnik geeignet.

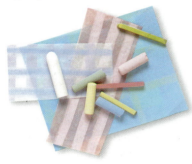

KREIDE Man kann Schulkreide in verschiedenen Farben verwenden. Wichtig ist ein Fixiermittel, damit die fertigen Motive nicht verschmieren.

GUMMISTEMPEL Stempel mit einfachen Motiven kann man fertig kaufen. Mit ihnen lässt sich Geschenkpapier problemlos dekorieren. Die Farbe kommt von Stempelkissen oder wird mit dem Pinsel aufgetragen. Auch andere Dekorationen für Geschenkpapier, Anhänger und Karten wie Konfetti, Glimmer und Pailletten gibt es im Fachhandel.

ZUM SCHNEIDEN, LOCHEN UND PERFORIEREN

Die folgenden Geräte benötigt man zum Schneiden von Papier sowie für Dekorationen und Schablonen.

SCHEREN Man sollte Papierscheren verschiedener Größe besitzen, denn manche Motive, die man für die Technik der Découpage ausschneiden möchte, haben feine Details, die man besser mit einer kleinen Schere ausschneiden kann. Große Schnitte lassen sich dagegen besser mit einer großen Schere machen. Eine Zackenschere ist für dekorative Schnitte nützlich.

ANDERE WERKZEUGE Schablonen und die Umrisse von Schachteln schneidet man am besten mit einem Cutter. Man braucht dazu außerdem eine Unterlage (siehe Seite 66).

Den Cutter stets mit Vorsicht verwenden und gerade Schnitte entlang eines Stahllineals führen.

Ein Bandmaß ist nützlich, um die benötigte Papiermenge oder die Länge des Schleifenbandes abzumessen. Das Stahllineal ist gut, um Falzkanten für Schachteln und Umschläge einzuritzen. Mit dem Locher kann man einzelne Löcher für Anhänger oder Motive ausstanzen. Für perforierte Motive genügt eine Steck- oder Nähnadel. Für lange Linien kann man ein Kopierrad nehmen, wie man es zum Ausradeln von Schnittmustern verwendet.

ZUR ÜBERTRAGUNG VON MOTIVEN

Um die Motive von den Vorlagen der Seiten 128 bis 143 oder von anderen Quellen zu übertragen, benötigt man Bleistift, Filzstift und Kopierpapier. Abdeckband ist nützlich, um das Kopierpapier zum weiteren Übertragen an einem Fenster zu befestigen. Schablonen fertigt man aus dickem Tonpapier oder leichter Pappe. Auch zur Herstellung von Quasten und manchen Schleifen (siehe Seiten 20, 21 und 23) braucht man Pappe.

KLEBER

Transparentes doppelseitiges Klebeband (Doppelband) ist ideal, um die überstehenden Enden von Geschenkpapier zusammenzukleben. Abdeckband ist hilfreich, wenn man schablonieren möchte. Mit Papier- oder mit Alleskleber kann man Papiermotive aufkleben oder die Falzkanten von Umschlägen und Schachteln sichern. Den klaren, stark haftenden Alleskleber, der leicht die Farben des Papiers angreift, benötigt man nur, wenn sehr fester Halt erforderlich ist. Normalerweise genügt ein in Stiftform erhältlicher Papierkleber. Selbstklebende Lochverstärkungsringe sind nützlich, um die Löcher von Anhängern zu sichern. Mit kleinen Plättchen aus beidseitig kleberbeschichtetem Schaumgummi kann man Reliefeffekte auf Karten und Anhängern erzielen.

PAPIERE

Ehe man Geschenkpapier kauft oder selbst verziert, sollte man die Form des Geschenks in Betracht ziehen. Für unregelmäßig geformte Gegenstände benötigt man weiche, schmiegsame Papiere wie Krepp- oder Seidenpapier. Gerade Schachteln kann man mit steiferem Papier umhüllen, für Karten und Anhänger eignen sich dickeres Tonpapier und Karton.

Spezielle Papiergeschäfte bieten schlichte, aber auch sehr edle Papiere wie etwa handgeschöpftes Bütten an. Auch bereits benutzte Papiere kann man aufbewahren. Archivieren Sie das Papier entweder flach in großen Schubladen oder gerollt, und achten Sie darauf, dass die Kanten nicht beschädigt werden.

MARMORIERTES PAPIER Man muss nicht immer nur unifarbene Papiere wählen. Papierrosen (siehe Seite 68) aus marmoriertem Papier sehen ebenso schön aus wie ausgeschnittene Formen, die man auf Geschenkanhänger oder Karten klebt (siehe Seite 66).

GEKAUFTES GESCHENKPAPIER Der Handel bietet fast alles, was das Herz begehrt: Papiere von verschiedener Dicke in allen möglichen Farben und Mustern. Für Eilige oft die schnellste Wahl. Bänder, Anhänger, Blumen oder andere Dekos geben dem gekauften Papier einen individuellen Anstrich.

zerbrechliche Gegenstände. Weißes Seidenpapier kann man als Untergrund für durchsichtige Geschenkpapiere verwenden. Sowohl mit Kreide (siehe Seite 48) als auch mit Entfärber (siehe Seite 72) kann man Seidenpapier gut verzieren. Die verschiedenen Arten von Seidenpapier reagieren allerdings unterschiedlich.

HANDGESCHÖPFTE PAPIERE Meist deutlich teurer als Industrieware, sind sie doch für ein besonders wertvolles Geschenk den hohen Preis wert, da sie eine schöne Struktur haben. Sie werden in ungewöhnlichen Farben und auch gemustert angeboten. Hier abgebildet ist nur eine minimale Auswahl der erhältlichen Papiere.

SEIDENPAPIER Dieses dünne Papier wird in vielen Farben angeboten. Da es sehr flexibel ist, eignet es sich sowohl für ausgefallene Formen als auch für

PACKPAPIER Das übliche Packpapier ist braun, relativ dick und preiswert. Es eignet sich durchaus für dekorative Verpackungen, zumal es heutzutage auch farbige Packpapiere gibt, die die leichte Struktur des Originals beibehalten haben. Auch Zackenbänder (siehe Seite 87) kann man prima aus Packpapier herstellen, denn das unempfindliche Papier eignet sich gut als Grundlage für verschiedene Dekorationstechniken.

WELLPAPPE Die meist sehr weiche Pappe verleiht den verschiedensten Kreationen eine besondere Struktur. Da sie

PAPIERE

sich gut rollen lässt, kann man runde Gegenstände wie Flaschen und Dosen damit verpacken oder auch flache Umschläge daraus herstellen (siehe Seiten 27 und 24). Auch für rigide Karten und Anhänger kann man die Wellpappe gut verwenden – ideal für Geschenke, die man verschicken will.

KREPPPAPIER Das weiche, preiswerte Krepppapier ist ideal zur Verpackung unregelmäßiger Formen (siehe Seite 16) und zur Herstellung von Papierbeuteln (siehe Seite 80). Doppelseitiges Krepppapier, das auf beiden Seiten verschiedene Farben hat, ist besonders effektvoll. Außerdem gibt es auch Papiere, die eine relativ feste Kreppstruktur haben und trotzdem nicht dehnbar sind.

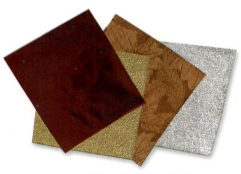

FOLIENPAPIER Metallisch beschichtete Papiere und Folien verbindet man vor allem mit Weihnachten. Doch kann man sie, zumal in der Kombination mit anderen Papieren, auch für alle anderen dekorativen Zwecke (beispielsweise für Umschläge) verwenden.

TRANSPARENTE PAPIERE Zellophan, Kopier- und Transparentpapier sind ungewöhnliche Einwickelpapiere. Zellophan, das es auch farbig und gemustert gibt, ist besonders als Verpackung von Blumen beliebt, doch kann man auch kleine Beutel oder Tüten daraus machen (siehe Seite 29), um kleine, bunte Geschenke darin zu verpacken. Kopierpapier eignet sich als Grundlage für Découpagearbeiten (siehe Seite 61). Umschläge aus dickerem Transparentpapier sind für selbst gemachte bunte Karten (siehe Seite 62) geeignet.

TONPAPIER Dieses steife, gefärbte Papier ist als Einwickelpapier nicht flexibel genug, eignet sich aber gut zum Ausschneiden von Motiven und für Spitztüten (siehe Seite 29), die eine tolle Verpackung für Süßigkeiten darstellen oder auch als Tischdekoration dienen können. Darüber hinaus ist Tonpapier geeignet, um Anhänger und Karten oder Schachteln und Kästen zur Verpackung von Geschenken daraus herzustellen. Auch kann es mit Gummistempeln bedruckt werden.

PAPIER WIEDERVERWENDEN

Hübsche Papiere und schöne Karten sollte man aufbewahren. Die Papiere kann man für Collagen aus geschnittenen oder gerissenen Motiven benutzen. Die Karten kann man ausschneiden und die Motive für andere Karten oder Anhänger erneut verwenden.

Nicht nur braune Papiertüten, auch alte Zeitungen, Zeitschriften, Reklame und Postwurfsendungen können brauchbares Material für vielerlei Zwecke abgeben. Man kann dieses Papier bedrucken, mit Schablonen bemalen, besprühen, mit Spritztechniken verzieren oder mit ausgeschnittenen Motiven bekleben und dann als Grundpapier verwenden oder auf andere Papiere, Karten oder Anhänger kleben.

Schäden an dem schon verwendeten Papier kaschiert man durch Ausschneiden oder indem man sie zu Zwecken verwendet, die kein einwandfreies Papier erfordern. Seidenpapier kann man bügeln und dadurch wieder glätten. Man kann aber auch das Papier absichtlich zerknüllen, um eine strukturierte Oberfläche für weitere Dekorationen zu schaffen (siehe Seite 120).

Die Wiederverwendung von Papier schont nicht nur die Umwelt, es fördert auch die Fantasie, denn neue Ideen ziehen meist weitere Ideen nach sich. Man sammelt das Papier am besten in einem Karton und lässt sich bei Bedarf von der Sammlung inspirieren.

MATERIALIEN UND UTENSILIEN

GESCHENKE VERPACKEN

Zunächst sollten Sie in Ruhe überlegen, wie Sie Ihr Geschenk präsentieren möchten. Dabei spielen Form und Größe des Gegenstands eine Rolle. Schwierig geformte Gegenstände legt man am besten in eine Schachtel, denn gerade Kästen lassen sich problemlos einpacken oder direkt mit Farbe bemalen und leicht dekorieren. Außerdem ist das Geschenk im Kasten geschützt und der Beschenkte kann erst einmal raten, um was es sich wohl handelt. Auf Seite 26 wird beschrieben, wie man eine schon benutzte Schachtel aufarbeitet, auf Seite 27 erfahren Sie, wie Sie selbst eine neue Schachtel herstellen.

Haben Sie sich für eine Schachtel entschieden, müssen Sie überlegen, ob sie quadratisch, lang oder rund sein soll oder ob gar eine Röhre die bessere Wahl wäre. Eckige Kästen kann man in jedes gewünschte Geschenkpapier packen. Für runde Formen sollte man weiche, flexible Papiere wie Krepp- oder Seidenpapier wählen. Bücher und Flaschen, die zu den beliebtesten Geschenken gehören, brauchen keine Schachtel; ein Buch kann man direkt wie einen Kasten einwickeln. Wie man eine Flasche attraktiv verpackt, wird auf Seite 17 gezeigt.

Wenn Sie Ihr Geschenk in flachen Schachteln, Spitztüten oder dekorativen Beuteln verpacken möchten, sollten Sie auf den Seiten 26 bis 31 nachschauen.

QUADRATISCHE ODER LANGE SCHACHTELN

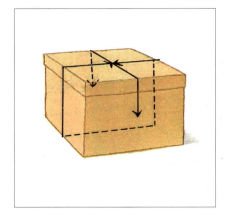

1 Zuerst die Schachtel mit einem Bandmaß vermessen, um die benötigten Papiermaße zu bestimmen. Die Rundummaße von Länge und Breite notieren. Anschließend das Geschenkpapier mit entsprechenden Zugaben in der Breite und Länge zurechtschneiden.

4 Die Schachtel im Papier wieder in eine genaue Mittelposition schieben. Das oben überstehende Papier senkrecht direkt an der Seite der Schachtel nach innen falten und die überstehenden Seiten scharf falzen.

GESCHENKE VERPACKEN

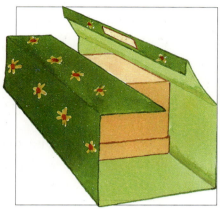

2 Das Geschenkpapier immer erst schneiden, wenn das benötigte Maß genau bestimmt ist. Im Zweifelsfall den Papierbedarf (nach Schritt 1 ermittelt) mit Zeitungspapier testen und ihn entsprechend anpassen.

Hat man das richtige Maß bestimmt, schneidet man das Geschenkpapier zurecht. Das Papier auf eine flache Unterlage legen und die Schachtel – Oberseite nach unten – in die Mitte des Papiers setzen.

3 Das Papier an der Oberkante ein wenig umschlagen und ein Stück Doppelband auf diesen Falz kleben. Das untere Papierende bis zur Mitte der Schachtel falten, das obere Ende darüber ziehen und mit dem Doppelband ankleben.

5 Die gefalzten Seiten jeweils rechts und links zur Mitte legen, sodass eine spitz zulaufende Lasche entsteht.

6 Die Spitze der Lasche nach innen umschlagen und wiederum mit Doppelband bekleben. Dann die Lasche hochklappen und fest andrücken.

7 Das Papier auf der anderen Seite der Schachtel ebenso falten und befestigen. Die Schachtel umdrehen und nun entweder mit einem Geschenkband oder auf andere Weise dekorieren.

MATERIALIEN UND UTENSILIEN

EINE RUNDE SCHACHTEL VERPACKEN

1 Aus Krepppapier oder anderem weichem Papier einen Kreis ausschneiden, der groß genug ist, über der runden Schachtel großzügig zusammengefasst zu werden. Die Schachtel in die Mitte des Papiers stellen und das Papier rundherum locker hochnehmen.

2 Das Papier mit Geschenkband oder einem anderem Faden nicht zu fest zusammenbinden. Dann nach Wunsch und Geschmack mit Schleifen oder anderen Papieren und Bändern dekorativ verzieren und das überstehende Papier ein wenig in Form zupfen.

EINE ROLLE VERPACKEN

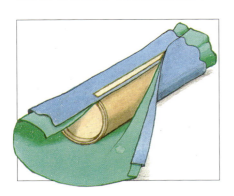

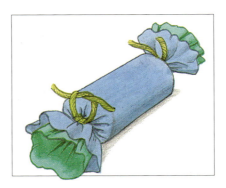

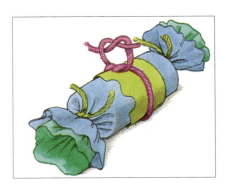

1 Eine passende Papprolle für das Geschenk aussuchen oder basteln. Dann möglichst weiches Papier, bevorzugt Krepppapier, so zurechtschneiden, dass es leicht überlappend um die Rolle passt und an den Enden großzügig übersteht. Das Papier um die Rolle wickeln und mit Doppelband befestigen. Zwei nicht ganz gleich große Lagen Papier in unterschiedlichen Farben erzeugen eine besonders schöne Wirkung.

2 Die überstehenden Seiten zusammendrehen und mit Geschenkband oder Kreppkordel (siehe Seite 80) zusammenbinden.

3 Als Dekoration eine farblich passende Bauchbinde und ein zusätzliches Band aus Krepppapier herstellen und um die Rolle legen.

GESCHENKE VERPACKEN

EINEN BLUMENTOPF VERPACKEN

Den Blumentopf auf ein Stück Packpapier setzen. Das Papier um den Topf legen (ohne die Pflanze zu verdecken) und mit schlichter Kordel binden. Als Dekoration Blätter und Moos hinter die Schleife stecken (siehe Seiten 100–115).

EINE FLASCHE MIT WELLPAPPE VERPACKEN

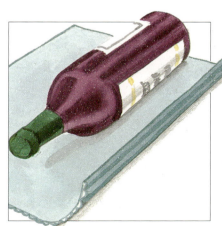

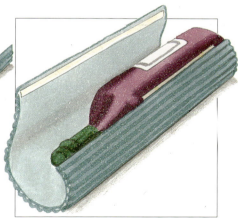

1 Die Pappe, gewellte Seite nach unten, auf die Arbeitsfläche legen. Abmessen, wie viel man braucht, um die Flasche mit 5 cm oberem Überstand zu umwickeln; passend schneiden. Entlang der inneren Längskante einen Streifen Doppelband befestigen.

2 Die Wellpappe fest um die Flasche wickeln. Die Schutzfolie vom Doppelband ziehen und die Wellpappe festkleben.

3 Einen Streifen farblich passendes oder kontrastierendes Papier zurechtschneiden, etwas außerhalb der Mitte um die Verpackung legen und mit Doppelband festkleben. Mit einer beliebigen Schleife aus Band oder Kordel sowie mit ein paar Blüten, Trockenblumen o. Ä. dekorieren.

MATERIALIEN UND UTENSILIEN

BÄNDER UND SCHLEIFEN

Kurzwarenläden und Geschäfte, in denen Bastelbedarf verkauft wird, haben meist eine sehr große Auswahl an Bändern vorrätig, die lose am Meter verkauft werden. Außerdem eignen sich auch Wollfäden, Kordel, Bast und gerolltes Krepppapier als Material für Schleifen. Auch Bänder, Fäden und bunte Kordeln sollte man sammeln. Selbst kurze Stückchen können noch zur Befestigung eines Anhängers nützlich sein.

Auch Stoffreste aus dem Nähkasten leisten gute Dienste – besonders aus Tüll und anderen steifen Stoffen kann man großartige Schleifen binden. Im Leitfaden für den letzten Schliff auf Seite 124 finden Sie weitere Ideen, darunter auch Schleifen aus Papier.

KUNSTSTOFFBÄNDER Bänder aus Papier und Kunststoffen (Polyband) können effektvoll gelockt werden, indem man sie über einen Messerrücken zieht.

KREPPPAPIERSCHLEIFEN Gerolltes Krepppapier eignet sich für kordelähnliche sowie für große, breit ausgezogene Schleifen.

STOFFBÄNDER Geschenkband aus Stoff ist problemlos im Handel erhältlich. Die Palette reicht von schmalen bis zu breiten Bändern in allen Farben und Mustern. Da sie meist teuer sind, lohnt sich eine Wiederverwendung.

KORDEL Packschnur oder Kordel gibt es einfarbig und bunt in verschiedenen Stärken. In der Kombination mit festen Papieren ist sie, besonders mehrfach gewickelt, sehr effektvoll. Kordel kann man auch färben (siehe Seite 38).

RIPSBAND Das feste, gerippte Gewebe eignet sich gut für kleine Päckchen oder zur Befestigung von Anhängern. Da es strapazierfähig ist, kann man es bügeln und wiederverwenden.

DRAHTKANTENBAND Diese Bänder haben seitlich eingearbeitete Drähte und halten deshalb jede Form, in die man sie biegt. Ideal für voluminöse Schleifen.

BAST Ein einzelner Bastfaden eignet sich zur Befestigung eines Anhängers. Mehrere locker zusammengefasste Fäden ergeben rustikal wirkende Schleifen (siehe Seite 20).

STICKGARN Woll- und Baumwollfäden sind zum Befestigen von Anhängern ideal, vor allem aber eignen sie sich zur Herstellung von dekorativen Quasten (siehe Seite 23).

BÄNDER UND SCHLEIFEN

EINE SCHLEIFE BINDEN

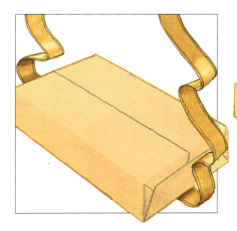

1 Um die benötigte Bandlänge abzuschätzen, folgt man den gezeigten Schritten zunächst mit billigem Faden. Das Päckchen – Oberseite nach unten – mitten auf das Band legen.

2 Die Bandenden über der Mitte kreuzen und wie gezeigt verschränkt nach rechts und links zu den Seiten ziehen.

3 Die Bandenden festhalten und das Geschenk umdrehen. Das eine Bandende mit dem anderen kreuzen und unter dem auf der Schachtel liegenden Längsband hindurchführen.

Schlinge bilden

4 Die Enden fest anziehen und mit dem einen Bandende eine Schlinge bilden.

Zweite Schlinge

5 Das andere Bandende um die Schlinge führen, durch die Schlaufe stecken, eine zweite Schlinge bilden.

6 Die Schlingen nach außen ziehen, bis die Schleife fest ist. Die Bandenden in gewünschter Länge schräg oder in V-Form abschneiden.

19

MATERIALIEN UND UTENSILIEN

EINE GESCHLOSSENE BASTSCHLEIFE

1 Einen Bastfaden, der so lang ist, dass er um das Geschenk und die Mitte der Schleife passt, zurechtschneiden und beiseite legen. Ein Stück Pappe von der gewünschten Größe der Schleife ausschneiden und einen Strang Bastfäden mehrmals darumwickeln.

2 Den Bast von der Pappe ziehen und dabei mit den Fingern in der Mitte fest zusammenhalten.

3 Den bereitgelegten Bastfaden mehrmals um die Mitte der Bastschleife wickeln und verknoten. Den Bastfaden samt Schleife am Geschenk befestigen. Die Enden der losen Bastfäden begradigen.

BÄNDER UND SCHLEIFEN

EINE SCHLEIFE AUS PAPIERBAND

1 Ein Stück fertig verdrilltes Krepppapierband von erforderlicher Länge für die Schleife abschneiden und vorsichtig vollständig auseinander ziehen, sodass ein breites Band entsteht.

2 Das breite Band zu einer einfachen Schleife legen. Ein nicht aufgedrilltes Stück Papierband um die Schleife legen und auf der Rückseite der Schleife verknoten.

3 Die Schleife in Form zupfen und die losen Enden mit einer Schere begradigen. Das nicht aufgedrillte Band so lang lassen, dass es um das Geschenk passt.

EINE FEINE SCHLEIFE MIT FRANSEN

1 Für die Fransen einen Strang parallel gelegter Fäden zurechtschneiden. Idealerweise sollten sie doppelt so lang sein wie die Länge der Schleife.

2 Aus feinem Schleifenband oder anderem Material eine Schleife herstellen, wie auf Seite 20 für die Bastschleife beschrieben. Die Einzelfäden dann zusammen mit dem zur Schleife gelegten Band mit einem langen Faden in der Mitte fest verknoten.

MATERIALIEN UND UTENSILIEN

EINE ROSE AUS GESCHENKBAND

1 Man braucht 50 cm Drahtkantenband. Das Band ein Stück weit gerade aufrollen und unten zusammendrücken. Dann weiterrollen, aber unten kleine Falten erzeugen, sodass sich das obere Ende von selbst leicht öffnet.

2 Zum Schluss das Ende des Bandes nach innen einschlagen und die Blüte an der Basis mit Blumendraht umwickeln. Die Rose etwas zurechtzupfen.

EINE DEKORIERTE SCHLEIFE

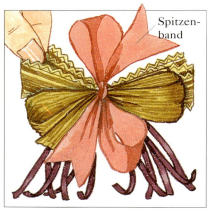

1 Für die Fransen etwa ein Dutzend Fäden aus Polyband oder feinem Textilband schneiden. Dann verschiedene breite Bänder und/oder gedrilltes Papierband zu einfachen oder doppelten Schlaufen legen. Das Ganze mit einem dünnen Band oder Faden in der Mitte zusammenfassen und fest verknoten.

2 Aus einem weiteren, schlichten Band um das Ganze eine große Schleife legen. Dann die einzelnen Schlaufen so zurechtzupfen, dass sich ein dekorativer Kreis aus Schlaufen bildet. Je nach Art der verwendeten Bänder kann man ganz unterschiedliche Effekte erzielen. Außerdem kann man die Schleife zusätzlich mit einer Geschenkbandrose schmücken.

BÄNDER UND SCHLEIFEN

EINE QUASTE HERSTELLEN

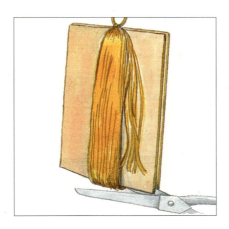

1 Aus Pappe zwei Plättchen von der gewünschten Länge der Quaste schneiden und diese sehr großzügig mit einem langen Faden aus Wolle, Bast, Seidengarn o. Ä. umwickeln. Zuletzt oben einen einzelnen Faden hindurchziehen und fest verknoten.

2 Den einen Schenkel einer Schere zwischen die beiden Pappplättchen führen und die Fäden unten aufschneiden. Die Pappe entfernen.

3 Einen gleichartigen oder kontrastierenden Faden nehmen, zur Schlinge legen und am oberen Ende um die Quaste legen. Mit dem freien Ende des Fadens die Quaste fest umwickeln, zuletzt das Fadenende durch die überstehende Schlinge ziehen und festzurren. Die Fadenenden abschneiden.

EINE AUFGESCHNITTENE SCHLEIFE

Wie auf Seite 20 beschrieben, wickelt man Bast- oder Wollfäden oder feines Band um ein Stück Pappe und bindet es anschließend in der Mitte fest zusammen. Mit einer Schere schneidet man die Schlingen rechts und links vorsichtig auf.

MATERIALIEN UND UTENSILIEN

UMSCHLÄGE

Dekorative Umschläge sind das I-Tüpfelchen für die Karte, die das Geschenk begleitet. Natürlich kann man auch Glückwunschkarten, Geschenkgutscheine, Geld, Schecks oder andere kleine Gaben in solche selbst gebastelten Umschläge stecken.

Tonpapier oder dünner Tonkarton, die beide in einer großen Zahl von Farben erhältlich sind, eignen sich besonders gut zur Herstellung von Umschlägen. Doch kann man auch Wellpappe, Metallfolien und Transparentpapier verwenden. Auch gekaufte Umschläge kann man effektvoll und ohne große Mühe hübsch verzieren.

EIN SCHLICHTER UMSCHLAG

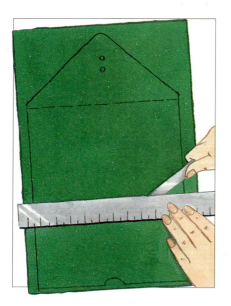

1 Die Vorlage für den Umschlag (Seite 128) auf die gewünschte Größe bringen und die Form auf die Innenseite eines Stücks Wellpappe oder auf anderes steifes Papier übertragen. Die Positionen für die Löcher in der Lasche markieren und die gestrichelten Falzkanten entlang eines Lineals mit einer Schere oder einem Messer einritzen.

2 Die Form ausschneiden, den Umschlag falten und die Seiten verkleben oder nach Wunsch offen lassen. Mit einem Locher zwei Löcher in die Lasche stanzen.

3 Einen Faden durch die Löcher ziehen. Zur Dekoration ausgeschnittene Blumen und Blätter (siehe Seite 74) auffädeln. Den Faden um den Umschlag führen und zur Schleife binden.

UMSCHLÄGE

EIN BEUTELUMSCHLAG

 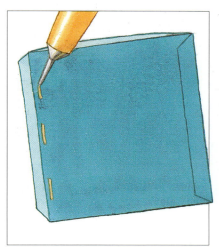 

1 Die Vorlage für den Beutelumschlag (siehe Seite 129) auf die gewünschte Größe bringen und den Umriss auf ein Stück Tonpapier übertragen. Die Falzkanten entlang eines Lineals mit einer Schere oder einem Messer einritzen.

2 Die Form ausschneiden, den Umschlag falten und die Seiten verkleben. Man kann die Seitenlaschen nach Wunsch innen oder außen ankleben.

3 Den Umschlag außen dekorieren, dann oben durch die Vorder- und Rückseite lochen. Ein Band durch die Löcher ziehen und zur Schleife binden.

UMSCHLAG MIT LASCHEN

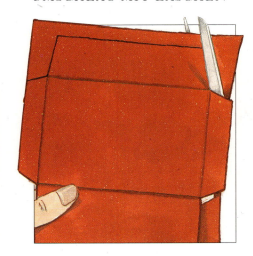  

1 Die Vorlage auf Seite 129 auf die gewünschte Größe bringen und auf Tonpapier übertragen. Die Falzkanten entlang eines Lineals einritzen. Die Form ausschneiden.

2 Den Umschlag falten, die Seitenlaschen innen verkleben. Die Verschlusslaschen nach unten falten. Der Umschlag kann nach Belieben dekoriert werden.

MATERIALIEN UND UTENSILIEN

SCHACHTELN, TÜTEN, BEUTEL

Fertige Geschenkschachteln sind nicht nur teuer, oft ist es auch schwierig, die richtige Größe und die passende Farbe für das Geschenk zu bekommen. Pappkartons, die man im Haus hat, kann man mit Colorspray einsprühen und dann mit anderen Techniken weiter verzieren und verschönern. Kleine Schadstellen lassen sich mit aufgeklebten Dekorationen überdecken. Einfache Schachteln kann man nach den hier gemachten Angaben auch selbst basteln. Solche Schachteln und auch die Stoffbeutel werden vom Empfänger des Geschenks gewiss noch lange in Erinnerung gehalten.

EINE GEBRAUCHTE SCHACHTEL BESPRÜHEN

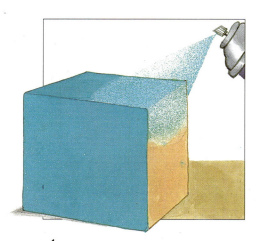

1 Die Arbeitsfläche gut abdecken. Möglichst im Freien oder bei offenem Fenster arbeiten.

2 Kasten und Deckel gleichmäßig einsprühen, dann die Farbe trocknen lassen.

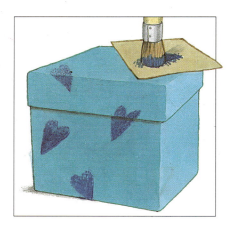

3 Die Schachtel nach Wunsch mit Schablonen, per Spritztechnik oder mithilfe von ausgeschnittenen Motiven dekorieren.

SCHACHTELN, TÜTEN, BEUTEL

EINEN WÜRFELKASTEN FALTEN

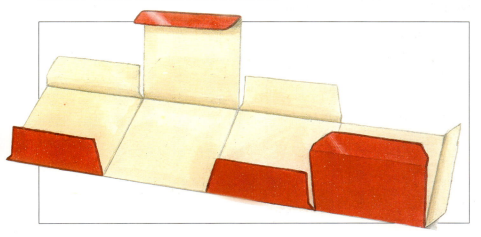
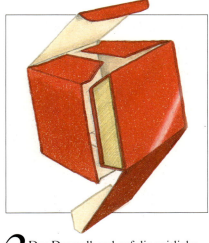

1 Die Vorlage auf Seite 130 auf das gewünschte Format vergrößern und die Form auf leichte, eventuell außen farblich beschichtete Pappe übertragen, die sich ohne Mühe falten lässt. Für kleine Kästen kann man auch festes Tonpapier verwenden. Sämtliche Falzkanten entlang eines Lineals mit einem Messer oder mit der Scherenspitze leicht einritzen. Die Form ausschneiden, am besten mit einem Cutter, den man an der Kante eines Lineals entlangführt. Die Schachtel entlang der vorgeritzten Linien falten.

2 Das Doppelband auf die seitliche Verschlusslasche kleben und die Schachtel seitlich zukleben. Falls gewünscht, auch die Lasche am Bodenteil einkleben. Die beiden oberen Seitenlaschen sowie die Deckellasche nach innen biegen und die Schachtel schließen.

EINE FLACHE SCHACHTEL AUS WELLPAPPE

1 Die Vorlage auf Seite 131 auf das gewünschte Format bringen und auf Wellpappe oder dünnen Tonkarton übertragen. Die Falzkanten auf der Außenseite leicht einritzen. Die Form ausschneiden, entlang der Ritzlinien falten und an der Innenseite der Lasche Doppelband ankleben.

2 Die Schachtel zusammenstecken und seitlich verkleben. Die gerundeten Laschen oben und unten nach innen drücken. Die Schachtel nach Wunsch mit einer Schleife aus Ripsband verzieren. Zum Öffnen leicht auf die Seiten drücken und die oberen Laschen nach außen klappen.

MATERIALIEN UND UTENSILIEN

PAPIERTÜTE MIT HENKEL

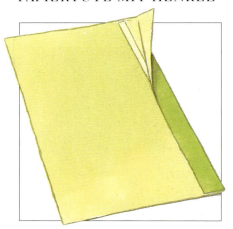

1 Wählen Sie ein Buch von der Größe, die die Tüte haben soll, und schneiden Sie einen Bogen Tonpapier in der Größe so zurecht, dass er mit einer Überlappung von 2,5 cm um das Buch passt. Geben Sie auch in der Länge oben und unten jeweils etwa 3 cm zu. Oben über die gesamte Länge einen Streifen Doppelband kleben, die Oberkante umschlagen und sie festkleben.

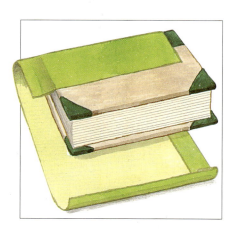

2 Das Buch wie abgebildet auf den so vorbereiteten Bogen legen. Das Papier über dem Buch zusammenfalten und mit Doppelband oder Papierleim verkleben.

3 Die überstehende Unterseite zunächst seitlich einschlagen, dann den oberen Teil einknicken. Den unteren Teil mit Doppelband bekleben oder mit Kleber bestreichen, nach oben falten und ankleben.

4 In die Oberkanten vier Löcher stanzen. Für die Henkel einen Knoten in eine Kordel machen und von innen durch eines der Löcher ziehen. Durch das zweite Loch stecken und innen mit einem Knoten sichern.

SCHACHTELN, TÜTEN, BEUTEL

ZELLOPHANBEUTEL

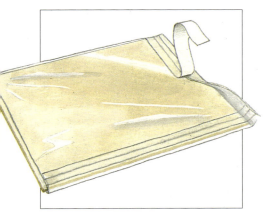
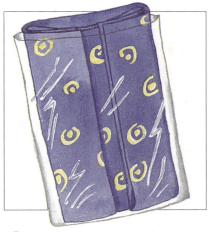

1 Aus Pappe mit 2,5 cm Zugabe eine Vorlage schneiden, die so dick ist, wie der Beutel weit werden soll. Ein Stück Zellophan um die Pappe legen und 2 cm zugeben. Diese Zugabe mit Doppelband bekleben und das Zellophan seitlich zu einem Schlauch schließen. Dann den Schlauch wie abgebildet mit Klebefilm einseitig schließen.

2 Die Pappe entfernen. Das Geschenk locker in Seidenpapier hüllen und darauf achten, dass die Größe knapp der der Zellophanhülle entspricht. Das eingepackte Geschenk in den Zellophanbeutel stecken. Man kann auch mehrere Kleinigkeiten mit verschiedenfarbigem Seidenpapier umhüllen und in den Zellophanbeutel stecken.

3 Den Beutel oben mit einfach oder doppelt gelegtem Polyband oder mit Ripsband verschließen. Das Band entweder verknoten und dann die Enden lockern oder eine Schleife binden.

SPITZTÜTE

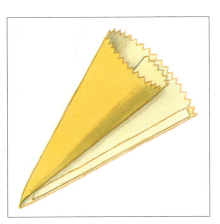

1 Aus einem quadratischen Tonpapier nach der Vorlage auf Seite 131 einen Viertelkreis ausschneiden; nach Wunsch mit einer Zackenschere bearbeiten. Auf der Innenseite an einer Kante ein Doppelband aufkleben.

2 Das Papier zur spitzen Tüte rollen, die Schutzfolie vom Doppelband abziehen und die Tüte zusammenkleben. Man kann die Tüte mit einer Schleife dekorieren und mit Seidenpapier auskleiden.

MATERIALIEN UND UTENSILIEN

STOFFBEUTEL NÄHEN

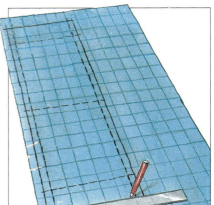

1 Um die benötigte Stoffmenge zu ermitteln, sollten Sie in der Anleitung für den Weihnachtsbeutel (Seite 98) nachsehen oder proportionale Maße nach diesem Vorbild berechnen. Fertigen Sie dann zunächst ein Papiermuster an. Lassen Sie an den Oberkanten reichlich Stoff und seitlich etwas weniger Stoff als Nahtzugabe.

5 Für einen Beutel mit Zugband zwei Stoffstreifen aus kontrastierendem Stoff von Beutelbreite plus Nahtzugaben zuschneiden. Auch hier die Nahtzugaben nach innen falten und bügeln. Eilige nehmen fertiges Nahtband und gehen gleich zu Schritt 7 der Arbeitsanleitung über.

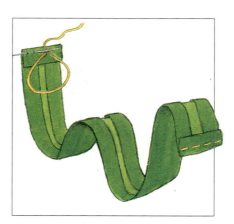

6 Das Band an den Schmalseiten etwa 1,5 cm weit nach innen umschlagen und die Umschläge mit einigen kleinen Heftstichen fixieren.

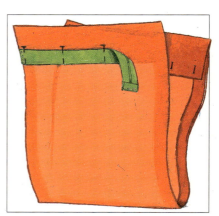

7 Die Bänder für das Zugband – Nahtzugaben nach innen – in passender Höhe genau auf die Außenseiten des Beutelstoffs legen und dort mit Stecknadeln feststecken.

SCHACHTELN, TÜTEN, BEUTEL

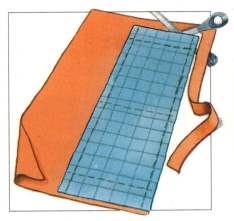 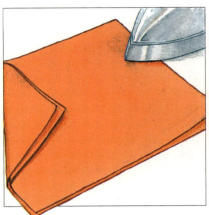 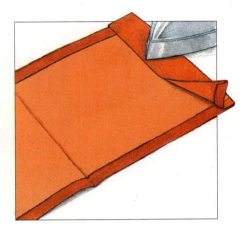

2 Die Papiervorlage auf den Stoff legen oder mit Nadeln feststecken und den Stoff ausschneiden. Für einen Beutel mit Applikationen weiter nach Schritt 3 arbeiten, für einen schlichten Beutel direkt zu Schritt 4 übergehen.

3 Den Stoff passgenau rechts auf rechts legen und die untere Faltkante mit dem heißen Bügeleisen markieren. Den Stoff auffalten und die Vorderseite nach Wunsch dekorieren (siehe Weihnachtsbeutel auf Seite 98).

4 Den Stoff – rechte Seite nach unten – auf die Arbeitsfläche legen und die schmalen seitlichen Nahtzugaben nach innen bügeln; danach die breiten Zugaben an den beiden Schmalseiten bearbeiten. Für einen einfachen Beutel den Stoff oben mit einer Zackenschere abschneiden und bei Schritt 9 fortfahren.

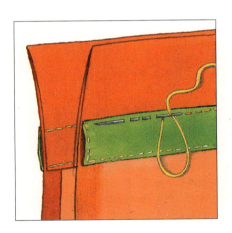  

8 Die Bänder mit der Maschine oder mit der Hand so am Beutelstoff annähen, dass die aufgenähten Bänder einen Tunnel für das Zugband bilden.

9 Nun den Beutel seitlich schließen. Entweder von Hand – mit knapp am Rand entlang geführten kleinen Vorstichen – oder mit der Maschine (dann kann man auch innen nähen und den Beutel anschließend wenden). Beutel mit Zugband nur bis zum Beginn des Bandes schließen. Einfache Beutel bis zur Oberkante zusammennähen.

10 Einen farblich passenden Faden als Zugband wählen und durch beide Tunnelbänder führen. Weiche Fäden, die sich nicht schieben lassen, an einer Sicherheitsnadel befestigen und anschließend durch den Tunnel ziehen. Beutel ohne Zugbandtunnel einfach mit einem Schleifenband schließen.

BESONDERE GELEGENHEITEN

In diesem Kapitel werden Ideen präsentiert, wie man Geschenke für alle Gelegenheiten verpacken kann. Jede dieser Gelegenheiten wird mit spezifischen Schwerpunkten vorgestellt. Auf diese Weise werden die unterschiedlichsten Techniken und Möglichkeiten dargeboten.

EIN GRUND ZUM FEIERN

GLÜCKWÜNSCHE

Es gibt viele Anlässe, zu denen man einem lieben Freund oder Verwandten gratulieren kann: ein bestandenes Examen, eine Auszeichnung, eine Beförderung oder ein neuer Job. Aber auch Geburtstage, Jubiläen, Verlobungen und Hochzeiten sind solche Gelegenheiten.

Ein Geschenk sollte dem Beschenkten deutlich zeigen, dass sich der Schenkende mit der Auswahl große Mühe gegeben hat, indem er etwas ganz Unverwechselbares für einen ganz besonderen Menschen ausgesucht hat. Diese Absicht tritt umso deutlicher hervor, wenn das Geschenk vom Schenkenden selbst verpackt wurde.

Auf dem linken Bild sind Geschenke aufgebaut, die besonders edel wirken, weil ein Hauch Gold in der Verpackung eine Rolle spielt. Fantasievoll von Hand dekorierte Papiere wurden dabei mit fertigen Bändern, frischen Blüten und gefärbten Blättern kombiniert.

Die zur Dekoration und Färbung der Papiere verwendeten Techniken sind einfach und erfordern nur wenig Zeit. In der Mitte oben beginnend und im Uhrzeigersinn fortfahrend wurden folgende Techniken angewandt: Dekoration mit trockenem Pinsel, Tupfen aus Strukturfarbe, einzelne Pinselstriche und Spritztechnik. Wie die Zweige und Blätter, mit denen einige Päckchen dekoriert sind, vergoldet wurden, wird auf den Seiten 38 und 39 beschrieben. Statt echter Blätter kann man Papierblätter nehmen, die nach der Vorlage auf Seite 132 geschnitten werden.

BESONDERE GELEGENHEITEN ◆ GLÜCKWÜNSCHE

SCHNELLE FARBEFFEKTE

Man muss kein Künstler sein, um mit Farben rasch tolle Effekte zu erzielen. Bevor man loslegt, sollte man die gesamte Arbeitsfläche mit alten Zeitungen oder anderem Papier schützend abdecken, besonders, wenn man eine Spritztechnik anwenden möchte. So kann man ungehindert arbeiten und das Geschenkpapier bis an den äußersten Rand bemalen, ohne fürchten zu müssen, dass die Arbeitsfläche Schaden nimmt.

Um zu testen, ob man den richtigen Pinsel gewählt und die Farbe die richtige Konsistenz hat, fertigt man mit einem kleinen Stück des gewählten Papiers zunächst eine Probe an. Dann färbt man das passend geschnittene Stück Geschenkpapier und lässt es gut trocknen. Eventuelle Reste benutzt man für Anhänger.

MATERIALIEN

Für alle Techniken

Einfaches leichtes oder dickeres Papier

Alte Zeitungen o. a. Papier zum Abdecken der Arbeitsfläche

Spritztechnik

Plakatfarbe in zwei Schattierungen

Alte Zahnbürste

Strichdekoration

Plakatfarbe

Breiter Pinsel mit harten Borsten

Trockenpinseldekoration

Plakatfarbe

Breiter Pinsel mit harten Borsten

Strukturfarbendekoration

Strukturfarbe in einer oder mehreren Farben

SPRITZTECHNIK

1 Das Geschenkpapier auf der gut mit Zeitungen abgedeckten Arbeitsfläche glatt ausbreiten. Die Farbe in ein Schälchen geben und die Borsten einer alten Zahnbürste hineintauchen. Die Bürste über das Papier halten und mit dem Finger von vorn nach hinten über die Borsten fahren, sodass die Farbe auf das Papier spritzt.

2 Die erste Farbe trocknen lassen, ehe eine zweite Farbe oder eine Schattierung der ersten Farbe mit der zwischendurch ausgespülten Bürste aufgespritzt wird. Das Papier trocknen lassen und dann das Geschenk damit verpacken.

SCHNELLE FARBEFFEKTE

STRICHDEKORATION

1 Ein flacher, breiter Pinsel mit harten Borsten ist für diese Technik ideal. Auf einem Probepapier testet man, ob der Pinsel hart genug und die Farbe nicht zu flüssig ist. Man beginnt mit unverdünnter Plakatfarbe und gibt tropfenweise nach Bedarf Wasser zu.

2 Den Pinsel in die Farbe tauchen und mit Schwung gerade oder leicht gebogene Striche überall verstreut auf das Geschenkpapier setzen. Für jeden Strich nur einmal ansetzen, die Striche möglichst nicht ein zweites Mal nachziehen.

TROCKENPINSELDEKORATION

1 Ein flacher, breiter Pinsel mit harten Borsten ist für diese Technik besonders gut geeignet. Man taucht den trockenen Pinsel in die Plakatfarbe und zieht in gewünschtem Abstand gerade Linien quer über das Papier, ohne den Pinsel zwischendurch abzusetzen.

2 Wenn die Farbe getrocknet ist, dreht man das Papier um 90 Grad und zieht im gleichen Abstand wie zuvor erneut gerade Linien, sodass ein Quadratmuster entsteht. Der Effekt entsteht dadurch, dass der Pinsel mal mehr, mal weniger Farbe enthält, der Strich aber nicht nachgebessert wird.

DEKORATION MIT STRUKTURFARBE

1 Diese dickflüssige Farbe wird direkt aus der Tube auf das Papier gebracht. Auf einem Probepapier üben, bis man den erforderlichen Druck beherrscht, durch den man gleichmäßig dicke Punkte, Linien oder Wellen auf das Papier setzen kann.

2 Auf das Geschenkpapier ein farbiges Muster aufbringen. Die Farbe erst völlig trocknen lassen, dann eventuell mit einer zweiten Farbe weitere Punkte auf das Papier bringen. Ein Beispiel mit symmetrischen Punkten findet sich auf Seite 121.

GOLDDEKORATIONEN

Kleine Zweige oder Blätter, schlichten Bindfaden, Papier oder Pappe, getrocknete Beeren, Zapfen, Eicheln, Muscheln, Kieselsteine oder Federn zu vergolden ist ganz einfach, und der Effekt ist beeindruckend. Die vergoldeten Materialien dienen zur Dekoration oder auch als Geschenkanhänger und werden oft lange liebevoll aufbewahrt. Man kann sie einfach unter das Geschenkband schieben oder auf dem Geschenkpapier festkleben.

Bevor man mit der Arbeit beginnt, sollte man die gesamte Arbeitsfläche mit alten Zeitungen oder anderem Papier schützend abdecken.

BAND ODER KORDEL BEMALEN

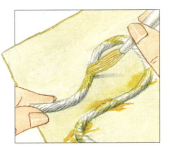 

1 Krepppapierband auf die Arbeitsunterlage legen und in Abständen mit dem Pinsel mit Farbe bemalen. Gut trocknen lassen.

2 Kordel auf die gleiche Weise bemalen, entweder vollständig oder auch nur in Abständen. Vor Verwendung trocknen lassen.

MATERIALIEN

Dekoration
Plakatfarben in zwei oder mehr Metallfarben
Pinsel
Glitterglue
Weiße Strukturfarbe
Alte Zeitungen oder anderes Papier zum Abdecken der Arbeitsfläche

Band oder Kordel
Beliebiges Textilband
Krepppapierband

Zweige
Absolut trockene Zweige
Faden
Schere

Blätter
Trockene Blätter und/oder Packpapier
Papierschablone
Schere

ZWEIGE VERGOLDEN

1 Kleine Zweige sammeln und einige Tage lang gründlich trocknen lassen. Mit einer Schere auf etwa gleiche Länge kürzen.

2 Die Zweige in der Mitte mit einem Faden zu einem Bündel schnüren. Den Faden kurz über dem Knoten abschneiden.

3 Zweige und Bindfaden mit einer Metallicfarbe mit einem Pinsel betupfen, trocknen lassen und am Geschenk befestigen.

GOLDDEKORATIONEN

GEPRESSTE BLÄTTER UND BLÄTTER AUS PAPIER

1 Man kann unverletzte Blätter sammeln und zwischen Zeitungspapier, das man einige Tage lang mit Büchern beschwert, trocknen und pressen.

2 Nach den Vorlagen auf Seite 132 kann man Schablonen herstellen und mit deren Hilfe Blätter aus Packpapier schneiden.

3 Die gepressten oder aus Papier geschnittenen Blätter bemalt man mit einzelnen Pinselstrichen mit Metallfarben und lässt sie trocknen.

4 Mit einer zweiten Metallicfarbe setzt man weitere Pinselstriche auf die Blätter und lässt die Farbe erneut völlig trocken werden.

5 Nach Wunsch gibt man Glitterglue auf die Blätter und verstreicht ihn mit dem Zeigefinger. Auch den »Glitzerkleber« trocknen lassen.

6 Zuletzt kann man die Blätter zusätzlich noch mit kleinen Punkten aus Strukturfarbe verzieren.

FÜR DAS GLÜCKLICHE PAAR

HOCHZEIT

Die Hochzeit gehört zu den mit größter Spannung erwarteten Festen. Das glückliche Paar und die beiden zugehörigen Familien sind in der Regel sehr bemüht, dafür zu sorgen, dass alles glatt geht. Auf jedes noch so kleine Detail wird geachtet. In Anbetracht dieser Sorgfalt ist es nur fair, dass auch die Gäste sich mit ihren Geschenken die denkbar größte Mühe geben.

Meist werden die Hochzeitsgeschenke auf einem großen Extratisch zur Schau gestellt. Ein besonders schön und individuell verpacktes Geschenk hat dort die größte Chance, entsprechend beachtet und gewürdigt zu werden.

Die im linken Bild gezeigte Farbpalette richtet sich nach den traditionell mit Hochzeiten verknüpften Farben: Weiß und Gold, kontrastiert mit zarten Pastelltönen. Die Papiere und Bänder sind mit Liebessymbolen verziert – Herzen und Rosen.

Das Geschenk oben links wurde in perforiertes Papier verpackt. Auch der Anhänger und die Karte unten links wurden in derselben Technik hergestellt (siehe Seite 42). Wie man das mit Herzschablonen verzierte Papier fertigt, wird auf den Seiten 66 und 67 beschrieben; die Schablonenvorlage findet sich auf Seite 137. Wie man Rosen aus Drahtkantenband macht, steht auf Seite 22, die Herstellung von Rosen aus Krepppapier wird auf Seite 68 beschrieben.

BESONDERE GELEGENHEITEN ◆ HOCHZEIT

PERFORIERTES PAPIER

Da es viel Zeit kostet, mit der Nadel ein Muster in einen Bogen Geschenkpapier zu stechen, sollte man diese Technik für besondere Gelegenheiten reservieren. Außerdem ist eine genaue Planung nötig. Da ein mit dieser Technik behandeltes Papier leicht reißt, muss man ein stabiles, aber dennoch weiches Papier wählen und später beim Einpacken behutsam vorgehen. Auf hellen Pastellfarben kommt das Lochmuster gut zur Geltung. Wie dicht man die Löcher setzt und welche Nadelgröße man verwendet, hängt vom Papier und dem gewählten Muster ab. Mustervorlagen für Hochzeitsgeschenke finden Sie auf den Seiten 132/133. Sie sollten zunächst eine Probe mit verschieden dicken Nadeln und verschiedenen Lochabständen machen. Die Außenseite des perforierten Papiers lässt das Muster deutlicher hervortreten.

GESCHENKPAPIER

1 Die benötigte Papiergröße berechnen und das Papier zurechtschneiden. Mit einem weichen Bleistift entlang eines Lineals im Abstand von 3 cm senkrecht und waagrecht dünne Linien ziehen, sodass ein Gittermuster entsteht.

MATERIALIEN

Perforierung
Gut gepolsterte Unterlage
Steck- oder Stopfnadel

Motivübertragung
Bleistift
Lineal
Kopierpapier
Dünner Karton für Schablonen
Schere

Geschenkpapier
Nicht zu dünnes weißes oder pastellfarbenes Papier

Anhänger und Karten
Nicht zu dünnes weißes oder pastellfarbenes Papier
Locher
Schmales Satinband
Goldpapier für kleines Herz
Kleber

ANHÄNGER ODER KARTE

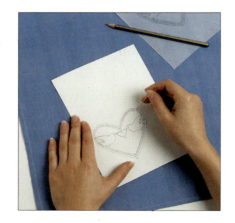

1 Das Motiv von der Vorlage auf Seite 132 auf die Rückseite eines steifen Tonpapiers übertragen. Das Papier auf eine gut gepolsterte Unterlage legen und wie oben beim Geschenkpapier beschrieben die Umrisslinie mit einer Nadel durchstechen. Zuletzt die Form für einen Anhänger ausschneiden.

2 Aus rosa Seidenpapier ein Herzen ausschneiden und in die Mitte zwischen die beiden Taubenschnäbel kleben. Ein Loch oben in die Mitte in den Anhänger stanzen und zur Befestigung ein Stück Satinband hindurchziehen.

PERFORIERTES PAPIER

  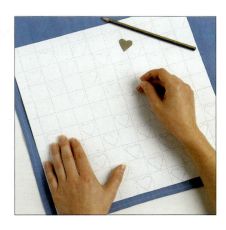

2 Das Papier – Bleistiftlinien nach oben – auf eine weich gepolsterte Unterlage legen. Nun im gewünschten Abstand entlang der vorgezeichneten Linien mit einer Steck- oder einer dickeren Stopfnadel Löcher in das Papier stechen. Auf je 2,5 cm sollten acht gleichmäßig verteilte Löcher kommen.

3 Von der Vorlage Seite 133 ein kleines Herz auf Karton übertragen und eine Schablone ausschneiden. (Genauere Arbeitsanweisung auf Seite 128.) Mithilfe der Schablone in jedes zweite Kästchen ein Herz malen.

4 Die Umrisse der Herzen mit der Nadel ausstechen, bis der ganze Bogen mit versetzt angeordneten Herzen bedeckt ist.

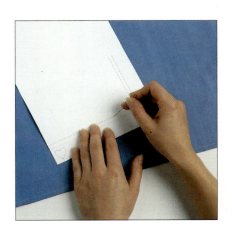 

3 Um eine Karte zu fertigen, schneidet man ein 18 × 24 cm großes Stück festes Tonpapier aus und knickt es zur Markierung in der Länge. Man überträgt das Randmotiv von Seite 133 und durchsticht es.

4 Dann fertigt man den Anhänger wie in Schritt 1 beschrieben und klebt ihn (ohne ihn gelocht zu haben) auf die Karte. Je nach Wunsch kann man eigene Motive entwerfen, die einen Bezug zum Hochzeitspaar haben, oder sich an die Vorlagen auf den Seiten 132 und 133 halten.

BESONDERE GELEGENHEITEN ◆ HOCHZEIT

TÜLLDEKORATIONEN

Weil das netzartige Tüllgewebe kaum ausfranst, kann man es beliebig zurechtschneiden, um Bänder, Schleifen oder Beutel für Bonbonnieren daraus zu machen. Mit Konfetti gefüllte Schleifen braucht man nicht zu vernähen, denn einmal gefaltet halten sie die Form. Statt Konfetti kann man auch selbst geschnittene Schnipsel von buntem Papier oder Stoff nehmen. Da Tüll oft für Brautschleier und Oberkleider der Brautkleider verwendet wird, assoziiert man diesen Stoff häufig mit Hochzeiten.

MATERIALIEN

Tüllschleifen
Feiner, weicher Tüll
Schere
Konfetti, Papierschnipsel oder gepresste Blüten
Maßband
Kleber

Bonbonnieren
30 cm² pastellfarbener Tüll
30 cm² pastellfarbener Organdy
Geschenkband
Schere
Dragierte Mandeln, Schokolinsen o. Ä.
Kleine Stoffrosen oder andere Kleinigkeiten zur Verzierung der Schleife (falls gewünscht)
Kleber (falls gewünscht)

TÜLLSCHLEIFE MIT KONFETTI

1 Ein etwa 25 cm breites Stück Tüll von erforderlicher Länge (siehe Seite 19) zurechtschneiden.

2 Konfetti – oder was man sonst zur Füllung der Schleife verwenden möchte – gleichmäßig auf die Mitte des Tüllstreifens verteilen.

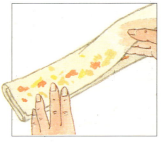

3 Das untere Drittel des Stoffs über die Mitte falten und andrücken. Das obere Drittel zur Mitte umschlagen und andrücken. Die Füllung wird vom Stoff gehalten.

4 Den Tüllstreifen wie Geschenkband verwenden und eine große Schleife binden.

5 Die Enden in gewünschter Länge gerade oder schräg abschneiden.

6 Nach Wunsch noch etwas Konfetti oder ein paar Pailletten in die Enden schieben und mit etwas Alleskleber sichern.

TÜLLDEKORATIONEN

BONBONNIERE

1 Einen 23 bis 25 cm großen Kreis aus Tüll ausschneiden. Man kann den Rand glatt lassen oder leicht gewellt schneiden, damit der Beutel gefälliger aussieht.

2 Aus Organdy einen gleich großen Kreis schneiden. Wiederum kann man den Rand glatt lassen oder einen Wellenschnitt wählen.

3 Den Tüll auf die Arbeitsfläche legen und mit Konfetti, Pailletten oder Papierschnipseln bestreuen. Den Organdy passgenau darüber legen.

4 Einige dragierte Mandeln, Schokolinsen oder andere Bonbons mit nicht klebender Zuckerglasur in die Mitte legen.

5 Die beiden Stofflagen zusammen über den Bonbons zu einem Beutel zusammenfassen und mit einem passenden Geschenkband zubinden.

6 Eine hübsche Schleife binden und ein paar kleine Stoffrosen oder andere Kleinigkeiten zur Verzierung an die Schleife stecken.

DAS ERSTE GESCHENK

GEBURT

Sobald Freunde und Verwandte erfahren haben, dass ein neuer Erdenbürger zu erwarten ist, überlegen sie, welches Geschenk wohl angebracht wäre. Ein zarter, handgestrickter Schal, ein weiches Kuscheltier oder ein besonderer Luxusartikel, um die Mutter in spe zu verwöhnen? Ob das Geschenk praktisch oder purer Luxus ist, spielt keine Rolle, solange es liebevoll verpackt wird.

Für die hier abgebildeten Päckchen wurden kräftige Grundfarben verwendet, die durch Kreidemuster zu Pastelltönen gedämpft werden. Die Technik ist extrem einfach, wie auf den folgenden Seiten gezeigt wird. Bei den Farben hat man selbstverständlich die freie Wahl, obwohl traditionell noch immer Rosa den Mädchen und Hellblau den Jungen vorbehalten ist. Aber es spricht nichts gegen Gelb oder zartes Grün. Kleine, in Kettenform ausgeschnittene Motive sind eine lustige Ergänzung eines hübsch verpackten Geschenks.

Ein Geschenk für das Baby oder ein Sträußchen in zartem, mit Kreide gefärbtem Papier erfreut sicherlich jede frischgebackene Mutter. Wie man das Papier koloriert, wird auf den Seiten 48 und 49 beschrieben. Schlichtes Ripsband ist ideal für passende Schleifen. Eine Kette aus Papierpüppchen (Anleitung siehe Seiten 50 und 51) bildet ein nettes Beiwerk. Wer sein Geschenk in Seidenpapier verpacken möchte, kann die auf den Seiten 72 und 73 vorgestellte Bleichtechnik anwenden.

BESONDERE GELEGENHEITEN ◆ GEBURT

MIT KREIDE BEMALTES PAPIER

Mit Kreide bemaltes Seidenpapier ergibt ein sehr schönes Geschenkpapier. Die hier vorgestellten einfachen Streifen, Quadrate und Karos sind genauso effektvoll wie Wellen, Kreise oder andere Formen.

Auch hier sollte man zunächst ausmessen, wie groß der Bogen Papier sein muss, um das Geschenk darin einzupacken. Man wählt lieber einen zu großen Bogen und macht aus dem Überschuss einen Anhänger oder eine Karte (siehe Seite 50). Zum Schluss muss man die Kreide mit Fixativ einsprühen, damit sie nicht verwischt.

MATERIALIEN

Kreidezeichnung

Schulkreide in verschiedenen Farben

Kreidefixativ

Stoffreste und glattes Papier zum Schutz der Arbeitsfläche

Geschenkpapier

Seidenpapier in gewünschter Farbe

EINFACHE STREIFEN

1 Da man eine weich gepolsterte Arbeitsfläche benötigt, deckt man den Tisch mit zwei Lagen alten Stoff, einem Molton- oder Filztuch ab und legt darüber einen großen Bogen glattes Papier. Darauf legt man das Seidenpapier und streicht es glatt. Man bricht ein etwa 2,5 cm langes Stück von der Kreide und zieht mit der Seite dieses Kreidestücks in passenden Abständen einfache senkrechte Striche. Um die Streifen beim Festhalten des Papiers nicht zu verwischen, sollten Rechtshänder von rechts nach links arbeiten.

2 Wenn die Striche nicht vollkommen gerade werden, ist das nicht schlimm; ein wenig Unregelmäßigkeit sorgt für den besonderen Reiz des selbst gemachten Papiers. Ist das Papier fertig mit Kreidestrichen bemalt, besprüht man es mit Fixativ. Dabei sollte man für gute Lüftung sorgen – am besten bei geöffnetem Fenster arbeiten. Lassen Sie das Fixativ trocknen und packen Sie das Geschenk mit dem Papier ein.

MIT KREIDE BEMALTES PAPIER

EINFACHE QUADRATE

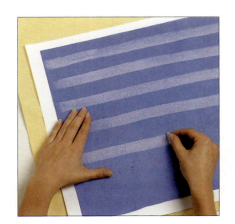

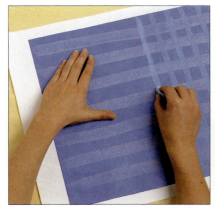

1 Die Arbeitsfläche wie nebenstehend unter Punkt 1 vorbereiten. Seidenpapier und Kreide wählen und mit der Breitseite von einem in passender Größe abgebrochenen Stück Kreide waagrechte Streifen über das Papier ziehen, bis es von oben bis unten in gleichmäßigen Abständen bedeckt ist.

2 Mit einem etwas schmaleren Stück Kreide senkrechte Linien ziehen, sodass ein Quadratmuster entsteht. Damit man die schon gemalten Streifen nicht verwischt, arbeitet man von rechts nach links und hält das Seidenpapier zwischen den Streifen. Die Kreide mit Fixativ wischfest machen und das Papier trocknen lassen.

KAROMUSTER

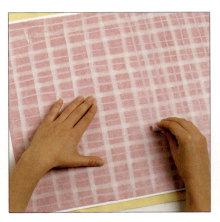

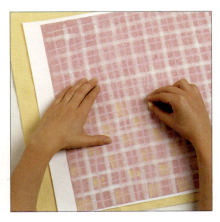

1 Zunächst zieht man wie zuvor beschrieben senkrechte und waagrechte Linien von gleicher Breite über das Seidenpapier. Es entsteht ein gleichmäßiges Quadratmuster.

2 Mit einer kontrastierenden Kreidefarbe zieht man schmale Striche zwischen den bereits aufgemalten waagrechten und senkrechten Kreidestreifen.

3 Mit einer dritten Farbe malt man zuletzt die entstandenen Kästchen in versetzter Folge aus. Bei geöffnetem Fenster besprüht man das fertig bemalte Papier mit Fixativ, lässt es trocknen und packt das Geschenk ein.

BESONDERE GELEGENHEITEN ◆ GEBURT

MATERIALIEN

Anhänger
Seidenpapier
Festes weißes Papier
Stoff mit Struktur
Leichtes Tonpapier
Kreidefixativ
Schere
Kleber
Schulkreide in verschiedenen Farben
Locher
Schmales Ripsband

Motivkette
Bleistift
Kopierpapier
Dünner Karton
Schere
Weißes Papier
Doppelband

ANHÄNGER UND KETTEN

Damit das Geschenk einen passenden Anhänger bekommt, kann man in derselben Technik, die man für das Geschenkpapier anwendete, kleine Stücke Seidenpapier mit Kreide bemalen. Sehr hübsch wird das Ganze, wenn man strukturierten Stoff, beispielsweise grobes Leinen, unter das Seidenpapier legt, denn das Muster des Stoffes drückt sich dann durch. Man kann die Anhänger ohne Dekoration verwenden oder zusätzlich mit ausgeschnittenen Motiven bekleben. Damit die Kreide nicht verwischt, muss man ein Fixativ benutzen.

GESCHENKANHÄNGER

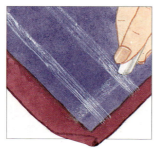  

1 Ein Stück grob strukturierten Stoff direkt unter das Seidenpapier legen; wie auf Seite 49 beschrieben mit Kreide bemalen.

2 Die Kreidezeichnung mit Fixativ einsprühen und trocknen lassen. Das Seidenpapier auf festes weißes Papier kleben.

3 Einen Anhänger von gewünschter Größe ausschneiden und eventuell ein Motiv zum Aufkleben wählen (siehe Seite 134).

4 Das Motiv auf leichtes Tonpapier übertragen und vorsichtig ausschneiden.

5 Das ausgeschnittene Motiv auf den Anhänger kleben.

6 Den Anhänger oben rechts lochen und ein schmales Ripsband durch das Loch ziehen.

ANHÄNGER UND KETTEN

MOTIVKETTE

1 Ein Motiv von Seite 134 wählen und eine Schablone aus dünnem Karton schneiden.

2 Einen Papierstreifen von der Höhe des gewählten Motivs schneiden und den Umriss mit Hilfe der Schablone auf das linke Ende des Streifens übertragen.

3 Den Papierstreifen in Akkordeonfalten legen und darauf achten, dass die einzelnen Lagen exakt die Breite des Motivs haben.

4 Das Motiv durch sämtliche Papierlagen vorsichtig ausschneiden. Darauf achten, dass an den Händen das Papier nicht durchschnitten wird.

5 Die Kette vorsichtig auffalten und dabei möglichst nicht zerreißen.

6 Die Kette als Girlande verwenden oder mit Doppelband auf das eingepackte Geschenk kleben.

ZUM GEBURTSTAG VIEL GLÜCK!

KINDER-GEBURTSTAG

Da Kinder kräftige Farben lieben, kann es auf einem Geburtstag bunt und lustig zugehen. Kinder haben auch Spaß daran, Zahlen und Buchstaben zu erkennen, etwa ihre Namensinitialen oder die Zahl ihrer Jahre. Das unempfindliche Krepppapier eignet sich gut für Dekorationen aus geschnittenem oder ausgestanztem Papier. Die Kinder selbst können damit für Freunde oder Geschwister schöne Verpackungen basteln.

Kräftige Farben und einfache Formen kommen bei Kindern am besten an; auf verspielte Schleifen kann man verzichten. Für kleine Kinder ist eine Tüte mit Papierschnitt oder Ostergras, in der das Geschenk wie in einem Nest versteckt liegt, eine tolle Überraschung.

Seien Sie nicht traurig, wenn das liebevoll gestaltete Geschenkpapier von Kinderhänden ungestüm in Fetzen gerissen wird – ist das Kind noch keine fünf Jahre alt, so ist das ein großes Kompliment!

Schlichte Motive aus geschnittenem Papier eignen sich für Kindergeschenke besonders gut. Auf den folgenden Seiten wird gezeigt, wie man Schachteln auf diese Weise dekoriert. Die Herstellung einer Tüte wurde bereits auf Seite 28 beschrieben. Vorlagen zur Herstellung von Zahlen und Buchstabenschablonen finden Sie auf den Seiten 135 und 136.

BESONDERE GELEGENHEITEN ◆ KINDERGEBURTSTAG

GESCHNITTENES PAPIER

Diese einfache Technik macht Kindern großen Spaß. Selbst kleine Kinder können bei diesen Papierarbeiten mitmachen, wenn man ihnen bunte, bereits vorgeschnittene gummierte Motive zum Aufkleben gibt. Fertige, selbstklebende Sticker gibt es in den Papierwarenabteilungen der Kaufhäuser.

Obwohl in diesem Kapitel eine selbst mit Farbspray eingefärbte Schachtel verwendet wird, kann man auch fertig gekaufte Geschenkkästchen verwenden oder Bogen von Geschenkpapier in der gezeigten Technik dekorieren. Statt der einfachen Lochzange kann man auch Geräte zum Ausstanzen von Sternen, Herzen oder Tieren verwenden (siehe Seite 52).

SCHACHTELN DEKORIEREN

1 Einen passenden Karton wie auf Seite 26 beschrieben einfärben. Mit einem Maßband die erforderliche Länge des Dekorationspapiers (plus Klebezugabe) ermitteln.

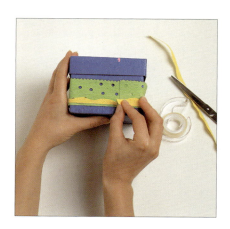

5 Aus Papier in kontrastierender Farbe einen zweiten, schmaleren Streifen ausschneiden. Die Oberkante als Wellenschnitt gestalten und rund um die Schachtel auf den ersten Streifen kleben.

MATERIALIEN

Schachteln
Bemalte oder besprühte Pappkartons oder gekaufte bunte Geschenkschachteln

Geschnittene Papierdekorationen
Verschiedene Papiere in kräftigen Farben (Krepp-, Ton-, buntes Schreibpapier)

Maßband

Scheren

Zackenschere

Lochzange

Durchsichtiges Doppelband

Kleber

Papierband

GESCHNITTENES PAPIER

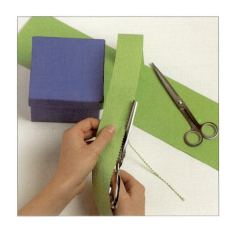

2 Einen Papierstreifen in der errechneten Länge zurechtschneiden (Klebezugabe etwa 2,5 cm) und die Oberkante des Papiers mit der Zackenschere nachschneiden.

3 Mit der Lochzange Löcher in den Papierstreifen stanzen. Die ausgestanzten Kreise sammeln und zur Dekoration des Deckels zurückbehalten.

4 Den ausgestanzten Papierstreifen um die Schachtel legen und mit transparentem Doppelband befestigen.

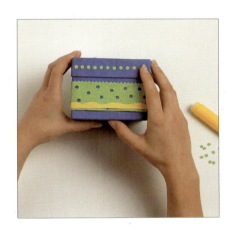

6 Die ausgestanzten Kreise mit wenig Kleber betupfen und rund um die Seitenkanten des Deckels kleben.

7 Löcher in ein Papierband stanzen und das Band zu einer Schleife legen (siehe Seite 20). Anstelle von fertigem Papierband kann man auch einen selbst geschnittenen Papierstreifen verwenden.

8 Einen Streifen Papierband um die Schachtel legen und die Schleife mit Doppelband darauf befestigen.

BESONDERE GELEGENHEITEN ◆ KINDERGEBURTSTAG

ZAHLEN UND BUCHSTABEN FÜR KARTEN

Zur Herstellung der Ziffern und Buchstaben ist festes Tonpapier oder leichter Tonkarton am besten geeignet. Ist in der gewünschten Farbe nur dünnes Papier erhältlich, klebt man dieses Papier ein- oder beidseitig auf dünnen weißen Karton, ehe man die Formen ausschneidet. Statt die Zahlen oder Buchstaben direkt zu verwenden, kann man sie auch auf kleine Kartonkärtchen kleben, die man zusätzlich mit selbstklebenden Stickern verziert. Ein Erwachsener kann die Karten anfertigen, das Kind kann sie dann nach Herzenslust ausgestalten.

MATERIALIEN
Schablonen
Bleistift
Kopierpapier
Dünner Karton
Schere
Zahlenanhänger
Festes, farbiges Papier
Schere
Lochzange
Schmales Ripsband
Buchstabenkarte
Ton- und Krepppapier in verschiedenen Farben
Schere
Lochzange
Kleber
Zackenschere
Schmales Papierband

ZIFFERNANHÄNGER

1 Nach der Vorlage auf Seite 136 stellt man eine Schablone von der gewünschten Ziffer her und überträgt die Form auf farbiges Papier.

2 Den Umriss ausschneiden. Um die Umrisslinie nicht ausradieren zu müssen, ganz knapp innerhalb der Linie schneiden.

3 Mit der Lochzange stanzt man gleichmäßig verteilte Löcher in die gesamte Form.

4 Durch eines der Löcher zieht man schmales Ripsband zum Befestigen des Anhängers.

ZAHLEN UND BUCHSTABEN FÜR KARTEN

BUCHSTABENKARTE

1 Nach den Vorlagen auf Seite 135 oder 136 fertigt man eine Schablone, überträgt die Form auf Tonpapier, schneidet sie aus und locht sie.

2 Aus farblich kontrastierendem Krepppapier schneidet man ein Rechteck aus, das etwas größer als der vorbereitete Buchstabe ist, den man nun auf das Papier klebt.

3 Mit der Zackenschere schneidet man den Buchstaben so aus, dass ein deutlicher Rand rund um den Buchstaben stehen bleibt.

4 Aus nochmals farblich anderem Papier schneidet man ein Rechteck, das etwas größer als der vorbereitete Buchstabe ist.

5 Aus demselben Papier, aus dem der Buchstabe geschnitten wurde, faltet man eine Karte, die rundum 2 cm größer ist als das in Schritt 4 vorbereitete Rechteck.

6 Dieses Papierrechteck klebt man als Hintergrund des Buchstabens genau auf die Mitte der Vorderklappe der Karte.

7 In die linke obere Ecke des aufgeklebten Rechtecks stanzt man zwei Löcher, die auch die Karte darunter durchstoßen.

8 Man fädelt ein Stück Papierband durch die Löcher und befestigt zuletzt den oben ebenfalls gelochten Buchstaben daran.

HERZLICHEN GLÜCKWUNSCH!

ERWACHSENEN-GEBURTSTAG

Das Geschenk, das man einem lieben Freund oder einem Familienmitglied überreicht, zeigt stets auch eine gewisse Sympathie und Zuneigung. Der Geburtstag ist ein besonderer Tag; entsprechend sollte man sich Zeit nehmen, eine individuelle Verpackung zu gestalten.

Ein personenbezogenes Thema ist besonders hübsch – vielleicht ist der Beschenkte ein begeisterter Golfer oder Gärtner. Man kann auch die Erinnerung an eine gemeinsam verbrachte Zeit wiedererwecken. Immer sollte jedoch die Persönlichkeit des Empfängers im Vordergrund stehen. Berücksichtigen Sie also, ob es ein spontaner oder ein eher zurückhaltender, ein praktischer oder romantischer Typ ist. Für die hier vorgestellte Technik der Découpage kann man jedes beliebige Motiv wählen. Irgendetwas Passendes – ob sachlich, verspielt oder frech – wird sich immer finden lassen.

Die Meeresmotive sind gut geeignet, um ein Geschenk für einen Menschen zu verpacken, der die See liebt. Wie man mit der Technik der Découpage Geschenkpapier, Anhänger und Karten dekoriert, wird auf den folgenden Seiten genau beschrieben. Die Schachteln mit fotokopierten Motiven sind für kleine Geschenke gedacht. Anhänger werden genauso angefertigt, wie der auf Seite 93 vorgestellte Baumschmuck, sie erhalten allerdings nur eine mit Découpage verzierte Vorderseite.

DÉCOUPAGE

MATERIALIEN
Découpage
Schwarzweiß-Fotokopien beliebiger Motive
Schere
Alleskleber
Schachteln
Gefärbte Kartons
Geschenkpapier
Ein großer Bogen nicht zu dünnes Transparentpapier

Bei der Auswahl der Motive dürfen Sie Abenteuerlust zeigen. Wählen Sie klare Bilder, die einen Bezug zum Beschenkten, seinem Hobby oder seinen Interessen haben. In alten Zeitschriften und Magazinen wird man am besten fündig. Können Sie ein Muster nicht ausschneiden, so müssen Sie es fotokopieren; verkleinern bzw. vergrößern Sie es gegebenenfalls. Transparent- und Kopierpapier ist eine ideale Grundlage für die ausgeschnittenen Motive. Klebt man sie auf das Papier, treten sie deutlich hervor, klebt man sie darunter, erscheinen sie gedämpft im Ton. Da der Grundton des Geschenks durch das Papier durchscheint, ist eine einheitlich gefärbte Schachtel die beste Wahl.

EINE SCHACHTEL DEKORIEREN

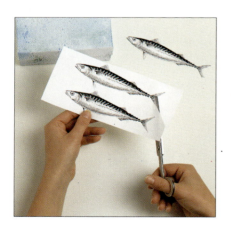

1 Einen wiederverwendeten Karton (wie auf Seite 26 beschrieben) mit Colorspray einsprühen. Das gewählte Motiv in der erforderlichen Anzahl fotokopieren und ausschneiden.

2 Die Motive auf dem Deckel der Geschenkschachtel anordnen, bis das Arrangement gefällt.

3 Die Motive einzeln mit Alleskleber bestreichen und an der gewünschten Stelle aufkleben. Nach Wunsch auch die Seiten der Schachtel mit Motiven bekleben.

DÉCOUPAGE

PAPIER MIT AUFGEKLEBTEN MOTIVEN

1 Eine ausreichende Menge von Schwarzweiß-Fotokopien der gewählten Motive anfertigen (eventuell durch die Zoomfunktion dasselbe Motiv auch in verschiedenen Größen herstellen). Die kopierten Motive dicht entlang der Umrisslinie ausschneiden.

2 Die Motive auf dem Transparentpapier arrangieren und einzeln an der passenden Stelle aufkleben.

PAPIER MIT UNTERKLEBTEN MOTIVEN

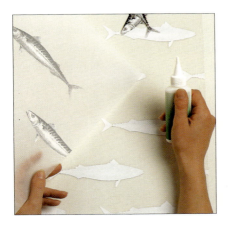

1 Die gewählten Motive fotokopieren und dicht entlang der Umrisslinie ausschneiden.

2 Die Motive, Bildseite nach unten, auf dem Transparentpapier arrangieren. Die Bildseite hauchdünn mit Kleber bestreichen und die Motive vorsichtig auf das Papier kleben.

BESONDERE GELEGENHEITEN ◆ ERWACHSENENGEBURTSTAG

ANHÄNGER UND UMSCHLÄGE

Fotokopierte und ausgeschnittene Motive können nach Belieben geordnet oder auch bunt gewürfelt auf Geschenkpapier, Schachteln, Karten und Anhänger geklebt werden. Auch einzelne Motive können einen Geschenkanhänger dekorativ verzieren, wie das hier gezeigte Beispiel deutlich macht. Um der Collage einen Farbtupfer zu verleihen, kann man die schwarzweiß kopierten Découpagemotive mit farbigem Seidenpapier kombinieren. Alternativ kann man auch aus alten Zeitschriften und Zeitungen ausgeschnittene Bilder verwenden.

MATERIALIEN

Découpage
Schwarzweiß-Fotokopien beliebiger Motive
Schere
Alleskleber

Dekorationen
Stücke bunten Seidenpapiers in verschiedenen Farben

Umschläge
Ein großer Bogen nicht zu dünnes Transparentpapier

Anhänger
Nicht zu dünnes Transparentpapier
Locher
Schmales Band

UMSCHLAG MIT DÉCOUPAGE

1 Die Umrisse für einen Umschlag mit Laschen (siehe Seite 129) auf nicht zu dünnes Transparentpapier übertragen. Die Form ausschneiden.

2 Die Falzkanten wie auf Seite 25 beschrieben entlang eines Lineals leicht einritzen und den Umschlag falten. Wieder entfalten und beiseite legen.

3 Die gewählten Motive fotokopieren, dabei nach Bedarf verkleinern oder vergrößern. Entlang der Umrisslinie ausschneiden.

4 Die Bildseite der Motive vorsichtig mit Alleskleber bestreichen und gegen die Innenseite des Umschlags kleben.

5 Ein passendes Stück Transparentpapier schneiden und es hinter den Motiven in den Umschlag stecken.

6 Dieses Papier mit Stücken gerissenen farbigen Seidenpapiers bekleben. Den Umschlag zusammenkleben, das Papier einlegen.

ANHÄNGER UND UMSCHLÄGE

BEKLEBTER MOTIVANHÄNGER

1 Das gewählte Motiv fotokopieren, auf der Bildseite mit Alleskleber bestreichen und mit farbigem Seidenpapier bekleben.

2 Sobald der Kleber trocken ist, Motiv und Seidenpapier entlang der Umrisskante des Motivs vorsichtig abschneiden.

3 Das beklebte Motiv lochen, ein Band durchziehen und das Motiv als Geschenkanhänger verwenden.

KARTENANHÄNGER

1 Das gewählte Motiv fotokopieren. Aus Transparentpapier ein Stück schneiden, das das Motiv rundum um 1,5 cm überragt.

2 Kleine Fetzen Seidenpapier in verschiedenen Farben auf dem Transparentkärtchen arrangieren und ankleben.

3 Das fotokopierte Motiv ausschneiden und mit der Bildseite nach oben über dem Seidenpapier auf die Karte kleben.

4 Die Karte nach Wunsch beschneiden, an einer Ecke lochen und zur Befestigung ein Band durch das Loch ziehen.

63

HERZEN UND BLUMEN

VALENTINS-TAG

Wie kann man seinem oder seiner Liebsten Zuneigung besser zeigen als mit einem liebevoll ausgesuchten kleinen Geschenk, das man außerdem mit viel Liebe selber eingepackt hat?

Dass Liebende am 14. Februar Grußkarten und kleine Geschenke austauschen, lässt sich bis in römische Zeiten zurückverfolgen, wo man die Luperkalien, ein Fruchtbarkeits- und Reinigungsfest, feierte. Es ist jedoch ein historischer Zufall, dass der Valentinstag mit den Luperkalien zeitlich zusammenfällt. Denn der 14. Februar ist der Tag, an dem der Heilige Valentin, ein italienischer Priester, im Jahr 306 den Märtyrertod starb.

Im 17. Jahrhundert wurde es dann in England und Schottland üblich, dass Jungverliebte an diesem Tag mit Liebessymbolen und Blumen verzierte Karten und Geschenke austauschten. Heutzutage ist dies weltweit üblich.

Die abgebildeten Geschenke sind in Rot und Gold gehalten. Anhänger und Karten haben selbstverständlich Herzform, und auch rote Rosen dürfen nicht fehlen.

Auf den folgenden Seiten wird das Arbeiten mit Schablonen vorgestellt und gezeigt, wie man Papierrosen herstellt. Vorlagen für verschieden geformte Herzen finden sich auf Seite 137. Auf den Seiten 21 und 22 wurde bereits beschrieben, wie man eine dekorierte Schleife bzw. eine Schleife mit Fransen herstellt.

SCHABLONIEREN

Die Herstellung einer Schablone geht rasch; ist sie aus festem Karton, kann man sie sogar immer wieder benutzen. Arbeiten Sie beim Anfertigen der Schablone möglichst sorgfältig und mit derselben Liebe, mit der Sie später das Geschenk auch übergeben. Für ein Valentinsgeschenk sind schablonierte Herzen geeignet, für andere Geschenke kann man jedoch beliebige andere Motive wählen, zum Beispiel Blumen (siehe Seite 137). Wählen Sie alternativ ein Motiv, das für den Beschenkten eine Bedeutung hat. Für die Anhänger wurde des Effekts wegen Strukturfarbe verwendet.

PAPIER VERZIEREN

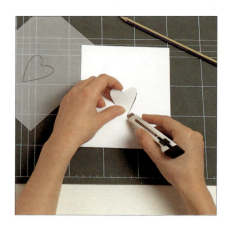

1 Zur Herstellung der Schablone Kopierpapier auf die Vorlage auf Seite 137 legen und abzeichnen. Das Kopierpapier auf Karton legen und das Herz nachzeichnen. Mit dem Cutter das Herz aus dem Karton ausschneiden. Rund um das Herz einen Rand von etwa 2 cm stehen lassen.

HERZANHÄNGER

1 Nach der oben beschriebenen Methode eine Schablone für ein großes Herz herstellen (Vorlage auf Seite 137) und mit Goldfarbe ein Herz auf passendes Papier schablonieren. Das Herz mit leichter Randzugabe ausschneiden.

MATERIALIEN

Schablonieren
Bleistift
Kopierpapier
Karton für die Schablone
Cutter
Schneideunterlage
Plakatfarbe
Weicher Pinsel
Zeitungen oder altes Papier

Geschenkpapier
Einfarb. oder marmoriertes Papier

Anhänger
Kleine Stücke von einfarbigem oder marmoriertem Papier
Schere
Kleber
Locher
Strukturfarbe
Band

SCHABLONIEREN

2 Das Geschenkpapier auf eine mit Zeitungen geschützte Unterlage legen. Die Schablone auf das Papier legen und festhalten. Den fast trockenen Pinsel in Farbe tauchen und den Innenraum der Schablone mit Farbe austupfen.

3 Die Schablone vorsichtig nach oben abheben (nicht über die Farbe wegziehen), an anderer Stelle platzieren und wiederum Farbe auf das Papier tupfen. Darauf achten, dass keine Farbe unter die Schablone läuft.

4 Nach Wunsch eine zweite Schablone mit einem kleinen Herz schneiden und zwischen die großen Herzen kleinere setzen. Die Farbe der großen Herzen gut trocknen lassen, damit nichts verwischt.

  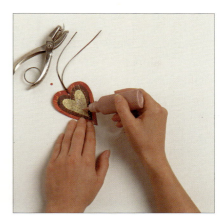

2 Aus andersfarbigem Papier ein Rechteck schneiden, das größer ist als das Herz. Das Herz mitten auf dieses Rechteck kleben.

3 Wer den Anhänger rechteckig lassen will, stanzt in die obere linke Ecke des Rechtecks ein Loch zur Befestigung des Fadens. Man kann das Rechteck aber auch auf eine Briefkarte kleben und eine Grußkarte daraus machen.

4 Wer mag, schneidet das Herz aus. Dabei wiederum einen genügend breiten Rand stehen lassen. Rund um das Herz kann man mit goldener Strukturfarbe kleine Tupfen setzen. Den Anhänger lochen und einen Faden durch das Loch ziehen.

BESONDERE GELEGENHEITEN ◆ VALENTINSTAG

PAPIERROSEN

Blumen geben einem Geschenk stets den nötigen Pfiff. Klebt man eine selbst gebastelte Papierblume auf einen Umschlag, wird sogar eine Grußkarte zu einem kleinen Andenken. Es ist ganz einfach, gut aussehende Papierblumen selber zu machen, und es geht so schnell, dass selbst ein Sträußchen kaum Zeit beansprucht. Die hier gezeigten Rosen sind aus Krepppapier und aus marmoriertem Papier, doch kann man auch andere Papiere verwenden. In jedem Fall sollte man die Farbe der Rose passend zum Geschenkpapier wählen.

MATERIALIEN

Übertragung der Vorlage
Bleistift
Kopierpapier

Rosenblüten
Leichtes Papier
Schere
Stumpfes Messer
Kleber
Goldfarbe und Pinsel
(falls gewünscht)

Rosenblätter
Leichtes Goldpapier
Schere
Zackenschere
(falls gewünscht)
Schmales Satinband

Rosensträußchen
Papierrose und -knospe
Drei Papierblätter
Kleber
Schmales Satin-
oder Papierband

PAPIERROSE

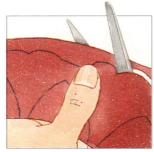

1 Nach der Vorlage auf Seite 138 die Grundform aus dem gewählten Papier ausschneiden.

2 Die Oberkante des Papierstreifens zwischen Daumen und Messerrücken wie gezeigt nach außen biegen.

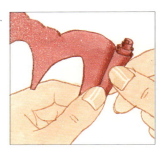

3 Am »C-Ende« beginnend den Papierstreifen für die Mitte der Rosenblüte fest zusammenrollen.

4 Den Rest des Streifens lockerer rollen und jeweils auf den Stielansatz etwas Kleber geben. Unten leicht zusammendrücken.

5 Die fertig gerollte Blüte seitlich mit einem Tropfen Kleber schließen und in Form zupfen.

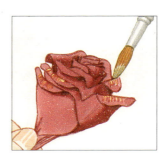

6 Nach Wunsch die äußeren Blütenblätter vorsichtig mit etwas Goldfarbe betupfen.

PAPIERROSEN

BLATT FÜR EINE EINZELNE ROSE

  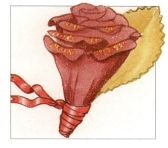

1 Nach der Vorlage auf Seite 138 die Grundform des Blattes ausschneiden. Dies geht mit der Zackenschere besonders schnell.

2 Das Blatt in der Längsachse knicken, um die natürliche Blattrippe anzudeuten.

3 Das Blatt mit dem Stielansatz unten an der Blüte ankleben, dann Blüte und Blatt unten mit Band umwickeln.

ROSENSTRÄUSSCHEN

1 Nach der Vorlage auf Seite 138 und nach der nebenstehenden Anweisung für die Rosenblüte eine noch fast geschlossene Knospe herstellen.

2 Nach der Vorlage auf Seite 138 und der obigen Anweisung zwei oder drei Blätter herstellen.

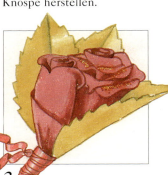

3 Blüte, Knospen und Blätter unten zusammenkleben und mit schmalem Satinband umwickeln.

69

EI, DER DAUS!

OSTERN

Das Osterfest ist der Vorbote des Frühlings. Für Kinder ist es ein tolles Fest, denn der Osterhase versteckt bunte Eier, kleine Geschenke und Süßigkeiten für sie. Für die Erwachsenen ist Ostern eher ein besinnliches Fest der Erneuerung, an dem ein sorgfältig ausgewähltes Geschenk mit Freude entgegengenommen wird.

Frühlingsfarben wie Sonnengelb, Grün und Himmelblau, akzentuiert durch strahlendes Weiß, sind die passenden Farben, um Ostergeschenke hübsch zu verpacken. Eine ganz einfache, aber sehr dekorative Technik ist das Ausbleichen von Seidenpapier mit flüssigem Entfärber. Man kann das zarte, schlichte Papier mit Blumen, Tupfen, Kreisen oder anderen einfachen Mustern verzieren. Dünnes Seidenpapier kann man zum Verpacken von Schokoladeneiern verwenden. Aus Tonpapier hergestellte Blüten dienen als Geschenkanhänger oder zur Verzierung hübscher Karten.

Die hier präsentierten Ostergeschenke sind in leuchtend buntes Seidenpapier gepackt, dessen Muster durch Entfärben entstanden sind. Die dafür benötigte Technik wird auf den folgenden Seiten Schritt für Schritt erklärt. Wie man Papierblumen herstellt, wird auf den Seiten 74 und 75 beschrieben; die benötigten Vorlagen finden Sie auf Seite 139.

BESONDERE GELEGENHEITEN ◆ OSTERN

GEBLEICHTES PAPIER

Seidenpapier ist für diese Technik am besten geeignet. Schon eine schwache Lösung aus Bleichmittel oder flüssigem Entfärber reicht aus, um tolle Muster auf das Papier zu zaubern. Obwohl es ganz einfach geht und man über keinerlei künstlerische Fähigkeiten verfügen muss, ist diese Technik nicht für kleine Kinder geeignet, denn der Umgang mit dem chemischen Bleichmittel ist nicht ganz ungefährlich. Am einfachsten sind Punkte, Linien, Kreise, Kreuze, Dreiecke oder andere einfache Formen. Man kann jedoch die Technik auch mit Schablonen anwenden oder aus der freien Hand kompliziertere Muster malen.

SEIDENPAPIER MIT BLEICHE BEMALEN

1 Die Arbeitsfläche mit farbloser Plastikfolie und einem großen weißen Papierbogen abdecken. Die Plastikfolie muss absolut dicht sein, sonst könnte der Entfärber empfindliche Möbel beschädigen. Das Bleichmittel vor Kindern verschließen.

MATERIALIEN

Bleichen

Ein Stück Plastikfolie und weißes Papier als Unterlage zum Schutz der Arbeitsfläche

Flüssiger Entfärber (Bleichmittel)

Eine Schale mit Wasser

Weicher Pinsel

Geschenkpapier

Kräftig gefärbtes Seidenpapier

Verpackung für Schoko-Eier

Seidenpapier von 20 × 25 cm

In Stanniol verpacktes Schokoei von der Größe eines Hühnereis

Kleine Papierblume nach der Vorlage auf Seite 139

Schere

Papierband

EIN SCHOKOEI IN SEIDENPAPIER PACKEN

1 Die Arbeitsfläche wie oben beschrieben abdecken. Ein 20 × 25 cm großes Stück Seidenpapier wie beschrieben mit einfachem Muster bleichen und trocknen lassen.

GEBLEICHTES PAPIER

2 Etwas Wasser in ein Schälchen geben und Entfärber hinzufügen. Auf einem Stück Seidenpapier mit einem Pinsel die Wirkung testen. Die Farbe sollte sich sofort aus dem Papier lösen. Eventuell etwas mehr Bleichmittel zum Wasser geben.

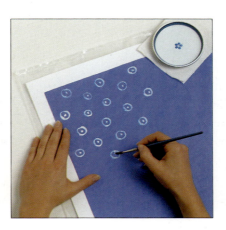

3 Den Pinsel in die Bleichlösung tauchen und wie mit Farbe beliebige Muster auf das Seidenpapier malen. Nicht mit einem zu nassem Pinsel arbeiten, damit es nicht an unpassenden Stellen tropft. Wenn das Papier zu nass wird, verläuft das Muster.

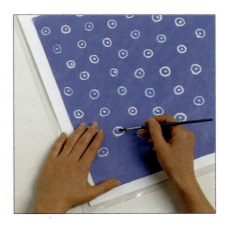

4 Das ganze Papier nach Geschmack mit Mustern bedecken und vollkommen trocknen lassen, erst dann von der Arbeitsfläche nehmen und das Geschenk damit einpacken.

2 Das in Folie gepackte Schokoei mit dem Seidenpapier wie auf der Abbildung gezeigt umhüllen.

3 Papier- oder Polyband um das Seidenpapier legen und eine Schleife binden. Die Bandenden nacheinander mit dem Daumen halten und über ein Scherenblatt ziehen, sodass sich das Band lockt.

4 Eine kleine Papierblume mit langem Stängel anfertigen (Anleitung siehe Seite 74, Vorlage siehe Seite 139). Den Stängel der Papierblume unter das Schleifenband stecken.

BESONDERE GELEGENHEITEN ◆ OSTERN

PAPIERBLUMEN

Diese Papierblumen werden aus mehreren Lagen Tonpapier aufgebaut und durch einen Stängel aus gerolltem Papier zusammengehalten. Vorlagen für die Blüten und Blätter finden Sie auf Seite 139.

Sie können die Papierblumen zur Dekoration eines Geschenks unter die Schleife stecken oder auf ein Stück kontrastierendes Tonpapier kleben und sie als Geschenkanhänger benutzen. Sie können sie auch auf eine Briefkarte kleben, sodass eine Grußkarte daraus wird.

MATERIALIEN

Blütenschablonen
Bleistift
Kopierpapier
Festes Papier oder Karton
Schere

Papierblumen
Mittleres Tonpapier (weiß, gelb, orange und grün)
Schere
Kleber
Dicke Näh- oder Stopfnadel zum Bohren der Löcher

Anhänger oder Karte
Mittleres Tonpapier in beliebigen Farben
Schere
Kleber
Dicke Stopfnadel zum Bohren der Löcher
Locher
Papierband

PAPIERBLUME

1 Unter Verwendung der Vorlage auf Seite 139 überträgt man die Umrisse der großen Blüte auf Kopierpapier, von dort auf gelbes Tonpapier. Ausschneiden.

2 Ebenso die Innenblüte auf weißes Tonpapier übertragen, danach die Blütenmitte auf orangefarbenes Papier; beide ausschneiden.

3 Den Umriss des Stängels auf grünes Tonpapier übertragen, ausschneiden und eng rollen, damit ein unten spitz zulaufender Stängel entsteht.

4 Die ausgeschnittenen Blütenteile wie gezeigt aufeinander legen.

5 Alle Teile gut festhalten und in der Mitte durch alle Teile hindurch mit der Nadel ein Loch bohren.

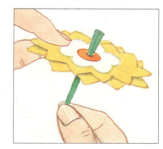

6 Den grünen Stängel mit dem spitzen Ende voran von oben durch das Loch stecken und ein Stück weit hindurchziehen.

GÄNSEBLÜMCHEN FÜR ANHÄNGER ODER KARTE

1 Unter Verwendung der Vorlage auf Seite 139 die Umrisse der Gänseblümchenblüte und des Stängels auf weißes, gelbes und dunkelgrünes Tonpapier übertragen, an den Rändern ausschneiden und zusammenstecken.

2 Unter Verwendung der Vorlage auf Seite 139 aus hellgrünem Tonpapier zwei Blätter ausschneiden und sie in der Längsachse knicken, um die Blattrippe anzudeuten.

3 Die Blätter am unteren Ende mit der Nadel durchbohren und auf den grünen Stängel schieben. Das Ganze mit etwas Kleber sichern.

4 Das Ende des Stängels knapp unterhalb der Blätter abschneiden.

5 Nach der Vorlage auf Seite 139 aus gelbem Tonpapier ein leicht asymmetrisches Rechteck schneiden. Die Blüte darauf kleben.

6 Für einen Geschenkanhänger das gelbe Tonpapier oben rechts lochen und ein Papierband hindurchziehen.

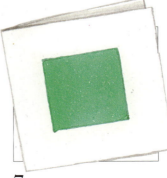 

7 Für eine Karte weißes Papier von 18 × 9 cm zurechtschneiden und zusammenfalten. Auf die Mitte ein grünes Quadrat kleben.

8 Den vorbereiteten Anhänger schräg auf das grüne Quadrat kleben.

FÜR DIE ALLERBESTE MUTTI

MUTTER-TAG

Mindestens einen großen Blumenstrauß bekamen die Mütter früher am Muttertag. In jüngster Zeit setzte sich der Trend durch, auch andere Geschenke zu überreichen – eine Topfpflanze etwa, ein feines Seidentuch oder sogar ein Schmuckstück. Solche besonderen Geschenke sollen das allgemeine »Dankeschön« bestärken.

Mütter sind ganz besonders angetan, wenn ihre Kinder Zeit und Fantasie darauf verwenden, ein Geschenk selber zu verpacken. Für die hier vorgestellte Technik des gerissenen Papiers wird Krepppapier in zarten, gedämpften Farben verwendet. Das widerstandsfähige Papier kann auch zu engen Rollen gedreht und dann als Geschenkband verwendet werden.

Kinder werden mit Freude und Begeisterung die verschiedenen Vorschläge aufgreifen, denn die vorgestellte Technik erfordert nur wenig Hilfe von Seiten eines Erwachsenen.

Im Zusammenhang mit den Muttertagsgeschenken wird die Technik des gerissenen Papiers vorgestellt. Alles – von der Verpackung über Anhänger und Karten bis hin zum Geschenkband – kann aus preiswertem Krepppapier hergestellt werden. Wie man Rüschen und Verzierungen aus diesem Material fertigt, wird auf den Seiten 80 und 81 erklärt. Auf Seite 16 wurde bereits gezeigt, wie man eine runde Schachtel einpackt.

BESONDERE GELEGENHEITEN ◆ MUTTERTAG

GERISSENES PAPIER

Dekorationen aus gerissenem Papier kann man einfach herstellen. Man benötigt lediglich Papier in verschiedenen Farben und einen Klebestift. Flüssiger Alleskleber ist nur bedingt geeignet, da er Lösungsmittel enthält, das die Farbe des Krepppapiers angreift. Außerdem hat der Klebestift den Vorteil, dass er weder tropft noch unter den aufgeklebten Teilen hervorquillt.

Obwohl man für die Technik des gerissenen Papiers jedes weiche Papier verwenden kann, das sich leicht reißen lässt, ist Krepppapier besonders gut dafür geeignet. Da es formbar ist, kann man es flach auseinander ziehen und auf anderes Papier aufkleben. Man kann es auch krumpeln und knüllen, um dreidimensionale Effekte zu erzielen. Aus breiten gerissenen Papierbändern kann man mit Kreppkügelchen verzierte Manschetten für Beutel aus Krepppapier herstellen. Wie das geht, wird auf Seite 81 beschrieben.

DEKORATIONEN MIT GERISSENEM PAPIER

1 Nach der Vorlage auf Seite 139 kann man aus Karton eine Schablone von einer einfachen Blüte anfertigen und die Schablonenform auf kleine Quadrate aus Krepppapier übertragen. Die Blumenform aus dem Papier lösen, indem man vorsichtig mit Daumen und Zeigefinger entlang der vorgezeichneten Linie reißt.

GESCHENKANHÄNGER

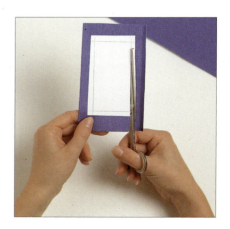

1 Ein Stück leichten Karton auf Krepppapier kleben und ein Rechteck von gewünschter Größe ausschneiden.

MATERIALIEN

Geschenkpapier

Krepppapier in verschiedenen Farben

Dünner Tonkarton für Blumenschablone

Bleistift

Schere

Klebestift

Anhänger

Tonkarton als Grundlage

Krepppapier in verschiedenen Farben

Schere

Klebestift

Locher

Papierband (Seite 80)

GERISSENES PAPIER

2 Die ausgerissenen Blumen mit Klebestift auf einfarbiges Geschenkpapier kleben. Möglichst keinen Alleskleber verwenden: Er kann die Farbe vom Krepppapier lösen; nimmt man zu viel, quillt er unter dem Papier hervor. Zwischen den Blüten viel Abstand lassen.

3 Aus farblich passendem Krepppapier kleine Fetzen reißen und in die Mitte der Blüten kleben.

4 Kleine grüne Fetzen als Blätter an die Blüten kleben. Außerdem nach Lust und Laune bunte Schnipsel zwischen die Blüten setzen. Doppelseitiges Krepppapier nur mit einer Ecke ankleben, damit man auch die Farbe der Unterseite sieht.

2 Streifen von farblich passendem Krepppapier reißen und in Abständen auf die Vorderseite des Rechtecks kleben.

3 Aus einer dritten Farbe kleine Schnipsel reißen und mit Klebestift aufkleben. Dann die seitlich überstehenden Enden der Streifen abschneiden.

4 Oben links ein Loch in den Anhänger stanzen und ein Papierband (siehe Seite 80) zur Befestigung hindurchziehen.

79

BESONDERE GELEGENHEITEN ◆ MUTTERTAG

KREPPPAPIERBEUTEL

Ein Beutel aus Krepppapier ist eine ideale Verpackung für süße Kleinigkeiten, denn das Papier ist dehnbar und doch stark, sodass keine Gefahr besteht, dass der Beutel zu leicht reißt. Doppelseitiges Krepppapier ist besonders hübsch, um einem Beutel innen und außen verschiedene Farben zu geben. Man kann jedoch auch anderes weiches Papier verwenden. Die Manschette am Beutel auf Seite 81 wird ebenfalls aus Krepppapier gemacht und mit einem Papierband gehalten. Es sieht besonders hübsch aus, wenn man die Manschette mit geknüllten Kügelchen aus Krepppapier beklebt.

MATERIALIEN

Krepppapierbeutel
Krepppapier in mindestens zwei passenden Farben
Schere
Klebestift

Geschenkband
Ein langer Streifen Krepppapier
Schere

GESCHENKBAND AUS PAPIER

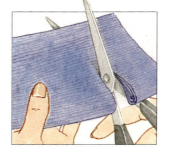

1 Quer zur Rippung des Papiers einen langen Streifen abschneiden. Für ein dickes Band den Streifen 8 cm, für ein dünnes Band 2 cm breit schneiden.

2 Am einen Ende beginnend das Papier zwischen Daumen und Zeigefinger schräg drehend eng verdrillen.

3 So lange fortfahren, bis die Papierschnur die gewünschte Länge hat.

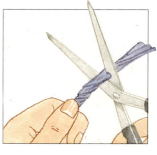

4 Das Ende des Bandes gerade abschneiden. Mehrere Bänder verschiedener Länge auf Vorrat herstellen.

KREPPPAPIERBEUTEL

BEUTEL MIT PAPIERMANSCHETTE

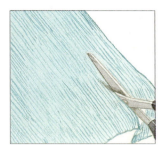

1 Ein 40 × 35 cm großes Stück Krepppapier schneiden, dabei die lange Kante mit der Rippung verlaufen lassen.

2 Den Bogen entlang der langen Kante locker zusammenfalten, bis die beiden kürzeren Kanten passgenau übereinander liegen.

3 Die beiden Lagen seitlich mit Klebestift einstreichen und zusammenkleben.

4 Den Beutel zwischen den Handflächen rollen, um die Rippung des Papiers zu verstärken. Den Beutel so verwenden oder zusätzlich eine Manschette machen.

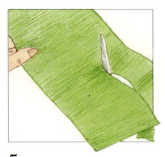

5 Dafür einen 24 × 14 cm breiten Streifen schneiden, die Schmalseite mit der Rippung verlaufen lassen. Das Papier wie in Schritt 4 beschrieben rollen.

6 Die Manschette ausbreiten, ohne das Papier flach zu ziehen. Aus Krepppapier kleine Kugeln drehen und mit Klebestift auf die Manschette kleben.

7 Den Beutel füllen. Die Manschette darumlegen und den Beutel mit Papierband zubinden.

8 Das Krepppapier am oberen Rand der Manschette vorsichtig ein wenig auseinander ziehen, sodass sich der Rand etwas wellt.

9 Zuletzt auch den oberen Rand des Beutels etwas auseinander ziehen und dekorativ zurechtzupfen.

81

FÜR DEN BESTEN PAPA DER WELT

VATER-TAG

Der Vatertag gibt allen Kindern die Möglichkeit, ihren Papa mit einem Geschenk zu verwöhnen. Auch wenn manche Väter sich zieren, so stehen sie am Ende doch gern im Mittelpunkt des Interesses und genießen es, mit einem hübsch verpackten Geschenk von ihren Sprösslingen überrascht und verwöhnt zu werden.

Zu den Techniken, die für die hier abgebildeten Verpackungen gewählt wurden, gehört das Stempeln. Gummistempel mit verschiedenen Motiven kann man fertig kaufen, ebenso den farbigen Wellkarton, der für Verpackungen, Karten und Anhänger verwendet wurde. Damit das Ganze aber nicht zu verspielt wirkt, wurden gedeckte, erdige Farbtöne gewählt. Man kann statt der gekauften Stempel auch selbst gemachte Stempel aus Kartoffeln herstellen (siehe Seite 85). Hierzu sollte man jedoch eher schlichte, geometrische Motive wie Kreise oder Quadrate wählen.

Gummistempel mit den verschiedensten Motiven kann man in Papierwarengeschäften kaufen, ebenso Stempelkissen in verschiedenen Farben. Bienen, Schmetterlinge und Igel sind Motive für Väter, die gerne im Garten arbeiten. Wie man eine flache Schachtel aus Wellpappe anfertigt, wird auf Seite 27 beschrieben, wie man eine Flasche verpackt, steht auf Seite 16 und wie man Zackenbänder herstellt, findet man auf Seite 87.

BESONDERE GELEGENHEITEN ◆ VATERTAG

BESTEMPELTES PAPIER

MATERIALIEN
Gummistempel
Gekaufte Gummistempel
Stempelkissen in ein oder zwei Farben
Geschenkpapier und Band
Unifarbenes Papier mit glatter Oberfläche
Gemüsestempel
Eine Kartoffel oder Karotte
Scharfes Messer und Schneidebrett
Gummistempel (falls gewünscht)
Zwei Stempelkissen (eines in leuchtender, eines in gedeckter Farbe)

Bei der Auswahl des Stempelmotivs wird man versuchen, etwas zu wählen, was zum Beschenkten einen persönlichen Bezug hat und vielleicht seine Hobbys oder Interessen spiegelt. Man kann auch Stempel mit den Initialen des Beschenkten wählen.

Das Papier, das man bestempeln will, sollte unifarben sein, nicht zu glatt, aber auch nicht zu stark strukturiert. Je nach Farbe des Papiers wird man eine gedeckte oder leuchtende Stempelfarbe wählen. Stets sollte man die Wirkung der Stempel und Stempelfarbe auf einem Probepapier testen.

Aus Gemüsen wie Kartoffeln oder Möhren kann man selber einfache Stempel schneiden. Man kann sie separat oder als Untergrund für Motive gekaufter Stempel verwenden.

GESCHENKPAPIER

1 Den Stempel auf das Stempelkissen drücken und auf einem Stück Papier einen Probeabdruck machen. Das Geschenkpapier auf eine glatte, harte Unterlage legen und in ordentlichen Reihen bestempeln.

2 Soll ein völlig gleichmäßiger Eindruck entstehen, den Stempel vor jedem neuen Abdruck auf das Stempelkissen drücken. Frische Stempelabdrücke trocknen lassen, ehe man mit der Hand darüber wischt.

3 Man kann einen zweiten Stempel mit andersfarbigem Stempelkissen verwenden, um ein zweites Motiv auf das Papier zu bringen. Die Farbe muss vollkommen getrocknet sein, ehe das Geschenk eingepackt wird.

BESTEMPELTES PAPIER

GESCHENKBAND

1 Statt einer Schleife kann man ein bestempeltes Papierband um das Päckchen wickeln. Dazu einen etwa 2,5 cm breiten Streifen Tonpapier von ausreichender Länge schneiden (etwa 4 cm Klebezugabe nicht vergessen).

2 Den Streifen beliebig bestempeln. Trocknen lassen, um das Geschenkpäckchen legen und die Enden verkleben.

KARTOFFELSTEMPEL

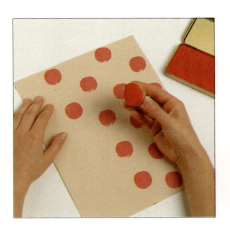
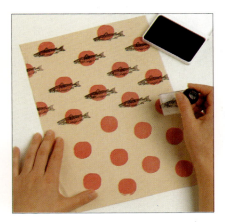

1 Für eine runde Form von einer kleinen Kartoffel (oder einer Möhre) ein Stück abschneiden. Indem man die Kartoffel auf diese Schnittfläche stellt und seitlich etwas wegschneidet, kann man ein Quadrat, ein Dreieck oder unregelmäßige geometrische Formen schneiden.

2 Die Schnittfläche der Kartoffel auf ein Stempelkissen pressen oder mit einem Pinsel mit Plakatfarbe bemalen und auf das Papier drücken. Die Farbe gut trocknen lassen.

3 Nach Belieben kann man es bei den Kartoffelstempelabdrücken belassen oder auf jeden getrockneten Abdruck mit einem Gummistempel ein zweites Motiv in anderer Farbe setzen.

BESONDERE GELEGENHEITEN ◆ VATERTAG

BESTEMPELTE ANHÄNGER UND KARTEN

Eine besonders eindrucksvolle Wirkung erzielt man, wenn man das bestempelte Papier (das in der Regel eine glatte Oberfläche hat) mit stark strukturiertem Wellkarton und/oder Strukturfarbe kombiniert. Ausgeschnittene Stempelmotive sind eine hübsche Verzierung für Geschenkanhänger. Auf farbigen Wellkarton geklebt können sie auch eine Karte schmücken. Klebt man die Einzelmotive mit Schaumgummistickern auf, ergibt sich ein besonderer Effekt. Eng gefaltetes Packpapier – in dünne Streifen geschnitten – ergibt ein Zickzackband.

MATERIALIEN

Stempel
Gummistempel mit Motiv nach Wahl
Stempelkissen

Geschenkanhänger
Gepäckanhänger (falls gewünscht)
Tonpapier in drei passenden Farben
Schere
Kleber
Locher
Selbstklebende Lochverstärkungsringe
Dünne Kordel

Dreidimensionale Karte
Farbiger Wellkarton
Tonpapier in zwei kontrastierenden Farben
Selbstklebende Schaumgummisticker
Schere
Kleber
Strukturfarbe

Zackenbänder zur Füllung
Leichtes Packpapier
Schere

GESCHENKANHÄNGER

1 Nach der Vorlage auf Seite 131 einen Anhänger in gewünschter Größe zurechtschneiden.

2 Auf Papierstreifen passender Farbe und Größe beliebige Motive stempeln.

3 Die Streifen leicht überlappend nebeneinander auf den Anhänger kleben.

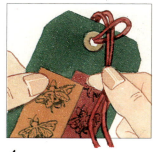

4 Den selbst geschnittenen Anhänger lochen, einen Verstärkungsring auf das Loch kleben und dünne Kordel hindurchziehen.

BESTEMPELTE ANHÄNGER UND KARTEN

DREIDIMENSIONALE KARTE

1 Zwei Abdrücke eines Stempelmotivs auf Tonpapier setzen und eng an der Umrisslinie ausschneiden.

2 Ein Quadrat aus Wellkarton in passender Größe schneiden und die Stempelmotive mit selbstklebenden Schaumgummistickern darauf kleben.

3 Ein etwas größeres Quadrat aus Tonpapier schneiden und den Wellkarton mit den Motiven darauf kleben.

4 Für die eigentliche Karte ein passendes Stück Wellkarton zurechtschneiden und einmal falten.

5 Das dekorierte Quadrat vorsichtig auf die Vorderseite der Karte kleben.

6 Mit Strukturfarbe in gleichmäßigem Abstand dekorative Punkte auf das Tonpapier setzen.

ZACKENBÄNDCHEN ALS FÜLLUNG

1 Aus leichtem braunem Packpapier einen 20 cm langen, 10 cm breiten Streifen schneiden. Den Streifen 0,5 cm breit umknicken und dann, bis er aufgebraucht ist, in derselben Breite wie eine Ziehharmonika falten und die Falzkanten jeweils mit dem Daumennagel fest nachziehen.

2 Das gefaltete Papier zwischen Daumen und angewinkeltem Zeigefinger fest zusammengedrückt halten und in Abständen von jeweils 0,5 cm kleine Stücke abschneiden. Die Stückchen locker aufziehen und als dekorative Füllung oder Verzierung benutzen.

EIN STILVOLLES FEST

Traditionelle Weihnacht

Bereits die Vorweihnachtszeit bietet eine wunderbare Gelegenheit, um das Haus oder die Wohnung festlich zu schmücken, zum Beispiel mit Karten oder mit Weihnachtskalendern, die kleine Geschenke enthalten.

In diesem Kapitel wird das Weihnachtsthema mit einer neuen Technik verknüpft: dem Schablonieren mit trockenem Pinsel. Eine goldene Geschenkschachtel wird mit Abdeckband umwickelt, dann mit trockenem Pinsel mit weißer Farbe bemalt. Das Ergebnis ist eine Schachtel, die selbst schon ein Geschenk darstellen könnte. Geschenkanhänger in Form von Stechpalmenblättern, Engeln, Tannenbäumen, Christbaumkugeln und Sternen dürfen natürlich nicht fehlen.

Winzige Geschenke – Schmuckstücke oder einzelne Bonbons – kann man als Engel oder kleine Weihnachtsbäume verpacken und an den Baum hängen oder als Tischdekoration verwenden.

Schablonieren mit den traditionellen Weihnachtsfarben Gold, Rot und Grün ergibt sehr festliche Effekte. Wie man die Technik ausübt, wird auf den folgenden Seiten ebenso gezeigt wie die Herstellung kleiner Weihnachtsformen, die als Baumschmuck oder zur Verpackung kleiner Geschenke verwendet werden können.

BESONDERE GELEGENHEITEN ◆ TRADITIONELLE WEIHNACHT

SCHABLONIEREN MIT TROCKENEM PINSEL

Die Technik eignet sich für große Motive, wie sie beispielsweise die Vorlagen auf Seite 140 und 141 liefern. Der besondere Effekt entsteht, indem man die unverdünnte Farbe mit einem harten, trockenen Pinsel sparsam aufträgt. Da sich die Pinselborsten beim Farbauftrag spreizen, ergibt sich eine typische Streifenzeichnung. Die Farbe trocknet rasch.

Die Technik eignet sich zur Dekoration von Geschenkpapier ebenso wie zur Verzierung von unifarbenen Schachteln. Der Aufwand lohnt sich in jedem Fall, weil die Verpackung dadurch selbst zu einem kleinen Geschenk wird.

STERNDEKORATION

1 Die Arbeitsfläche mit alten Zeitungen abdecken und eine Schachtel samt Deckel mit rotem Colorspray besprühen (siehe Seite 26). Während die Farbe trocknet, Acrylfarbe und Pinsel auf einem Probepapier testen, um zu sehen, ob der Pinsel für den gewünschten streifigen Effekt geeignet ist.

STREIFENDEKORATION

1 Verwenden Sie eine mit Goldspray besprühte Schachtel mit Deckel oder eine gekaufte goldene Schachtel. Wenn die Farbe trocken ist, den Deckel auflegen und die Schachtel rundum in gleichmäßigen Abständen mit Abdeckband bekleben.

MATERIALIEN

Schablonen
Bleistift
Kopierpapier
Karton für Schablonen
Cutter
Schneideunterlage

Schachteln
Neue oder wiederverwendete Schachtel mit Deckel
Colorspray (rot, grün oder gold)
Alte Zeitungen oder anderes Papier zum Abdecken der Arbeitsfläche

Sterndekoration
Goldene Acrylfarbe
Flacher Pinsel mit harten Borsten

Streifendekoration
Abdeckband
Weiße und silberne Acrylfarbe
Flacher Pinsel mit harten Borsten

SCHABLONIEREN MIT TROCKENEM PINSEL

2 Mit Hilfe der Vorlage auf Seite 140 eine Sternschablone aus Karton herstellen. Die Schablone auf die zu bemalende Unterlage legen und den Innenraum mit raschen Strichen des trockenen, nur so eben mit Farbe benetzten Pinsels ausmalen. Den Pinsel dabei in verschiedenen Richtungen über die Schablone führen.

3 Die gesamte Oberfläche der Schachtel und des Deckels auf diese Weise mit nicht zu dicht gesetzten großen Sternen bedecken. Eine aus Papier geschnittene Schablone kann man auch über die Ecken und Kanten der Schachtel legen.

4 Wer möchte, kann eine weitere Schablone mit einem kleineren Stern schneiden und damit die Zwischenräume zwischen den großen Sternen ausfüllen.

2 Pinsel und Farbe wie oben unter Schritt 1 beschrieben testen, dann die ganze Schachtel mit Pinselstrichen, die in allen Richtungen über Abdeckband und Schachteloberfläche geführt werden, mit silberner Acrylfarbe bemalen.

3 Die Silberstreifen mit ein paar in weißer Acrylfarbe dazwischen gesetzten Pinselstrichen betonen.

4 Wenn die Farbe getrocknet ist, das Abdeckband vorsichtig entfernen. Mit dieser Technik kann man auch Geschenkpapier dekorieren.

BESONDERE GELEGENHEITEN ◆ TRADITIONELLE WEIHNACHT

ANHÄNGER UND BAUMSCHMUCK

MATERIALIEN

Schablonen
Bleistift
Kopierpapier
Leichter Karton
Schere

Anhänger
Festes Tonpapier
(grün, rot und gold)
Acrylfarbe (gold
oder silber)
Glitterglue (falls
gewünscht)
Flacher Pinsel mit
harten Borsten
Schere
Locher
Feine Gold-
kordel

Baumschmuck
Festes Tonpapier
(rot, gold oder weiß)
Acrylfarbe (gold, silber,
bronze und weiß)
Flacher Pinsel mit
harten Borsten
Schere
Starker Kleber
Locher
Feine Goldkordel
oder Goldband

Geschenkanhänger in weihnachtlicher Form gehören zu einem Weihnachtsgeschenk wie Christbaumkugeln zu einem Tannenbaum. Möchte man die Anhänger als Schmuck an den Baum hängen, muss man sie doppelseitig gestalten. Klebt man sie nur am Rand zusammen, sodass innen ein Hohlraum bleibt, kann man sie auch als Verpackung für winzige Geschenke verwenden. Vorlagen für geeignete Formen finden Sie auf den Seiten 140 und 141.

STERNANHÄNGER

1 Die Vorlage des großen Sterns auf Seite 140 auf Tonpapier übertragen und mit beliebigen Strichen mit einem harten Pinsel bemalen.

2 Die Farbe trocknen lassen, dann die Form ausschneiden. Eventuell die Umrisslinie mit der Schablone erneut nachziehen.

3 Nach Wunsch etwas Glitterglue auf den Anhänger geben und mit der Fingerspitze verwischen.

4 In eine der Sternzacken ein kleines Loch bohren und ein Stück Goldkordel als Aufhänger daran befestigen.

ANHÄNGER UND BAUMSCHMUCK

CHRISTBAUMSCHMUCK

1 Nach der Vorlage auf Seite 140 eine Schablone schneiden und zweimal auf Tonpapier übertragen.

2 Nach der Vorlage auf Seite 140 eine Schablone vom kleinsten Stern schneiden und ihn auf Tonpapier übertragen.

3 Die Tannenbäume mit Acrylfarbe bemalen, indem man beliebige Striche mit hartem Pinsel darauf setzt.

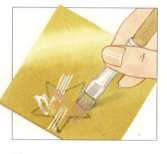

4 Mit einer zweiten Farbe ein paar weitere Pinselstriche setzen.

5 Den kleinen Stern auf die gleiche Weise mit Farbstrichen dekorieren. Die Farbe trocknen lassen.

6 Beide Tannenbäume und den Stern ausschneiden.

7 Den Stern auf die bemalte Seite eines der Bäume kleben. Den Kleber gut trocknen lassen.

8 Die beiden Bäume an der Außenkante der unbemalten Seiten mit Kleber bestreichen. Die Formen aufeinander kleben.

9 Ein Loch in den Stern stanzen und einen Faden durchziehen.

93

FÜR FREUNDE UND FAMILIE

RUSTIKALES WEIHNACHTSFEST

Weihnachtslieder, lange Spaziergänge im Winterwald, Glockenläuten, Duft von frischen Plätzchen, Bratäpfeln, Kerzen und Tannengrün, Wollstrümpfe oder Stoffstiefel, in die der Nikolaus oder das Christkind Geschenke und Süßigkeiten stopfen können – als das gehört zu einem zünftigen familiären Weihnachtsfest.

Weil Weihnachtsvorbereitungen schon die halbe Freude auf das Fest sind, werden im Folgenden Beutel, Strümpfe, Karten und Anhänger vorgestellt, die aus rustikalen karierten Stoffen gearbeitet sind. Damit man genügend Stoff zur Verfügung hat, sollte man das ganze Jahr über anfallende Stoffreste sammeln oder im Ausverkauf billige Restposten erwerben. Man muss keine Schneiderlehre absolviert haben, um die Beutel und Stiefel nähen zu können; nicht einmal eine Nähmaschine ist erforderlich, obwohl mit der Maschine genähte Beutel länger halten.

Nur für die Beutel und Stiefel, die möglichst ein paar Jahre halten sollen, wurde der Stoff gesäumt. Für Anhänger und Karten wurde ungesäumter Stoff verwendet, der mit speziellem Stoffkleber auf die Unterlagen von leichtem Karton oder dickem Papier aufgeklebt wird. Geschenke in Stoff statt in Papier einzupacken und mit einer Stoffschleife zu versehen, ist eine ganz besondere Idee zur Verwertung von Stoffresten.

BESONDERE GELEGENHEITEN ◆ RUSTIKALES WEIHNACHTSFEST

NIKOLAUSSTIEFEL AUS STOFF

Nikolausstiefel voller kleiner Geschenke und Süßigkeiten, Plätzchen und Nüsse gehören vor allem für Kinder zum Weihnachtsfest. Ein Stoffstiefel wie der hier vorgestellte kann viele Jahre lang halten, und selbst Erwachsene hängen ihn in der Hoffnung, ihn anderntags gefüllt zu finden, manchmal an die Tür. Als Verzierung dienen Knöpfe und aufgeklebte Weihnachtsmotive, wie man sie ab Seite 140 finden kann.

Um den Nikolausstiefel zusammenzunähen, braucht man nur geringe Nähkünste, denn nur die Außennaht wird mit normalem Vorstich von Hand genäht. Wer eine Nähmaschine hat, kann die Stofflagen auch mit der Maschine zusammennähen.

NIKOLAUSSTIEFEL

1 Für die Stiefelstulpe aus blauweiß kariertem Stoff einen Streifen von 12 × 36 cm schneiden. Nach der Vorlage auf Seite 142 ein Schnittmuster für den Stiefel aus Papier schneiden, auf rotkarierten Stoff legen und zweimal ausschneiden.

MATERIALIEN

Nikolausstiefel
Rotweiß karierter Stoff für die Stiefel (60 × 50 cm)

Blauweiß karierter Stoff für die Stulpen (12 × 36 cm)

Stecknadeln

Weißer Nähzwirn und Nähnadel

Schere und Stoffkleber

Stoffcollage
Karierte und gewürfelte Stoffreste

Stoffkleber

7 kleine flache Knöpfe

Dicker roter Faden und große Stopfnadel zum Annähen der Knöpfe

Schablonen und Papiermuster
Kopierpapier und leichter Karton für die Schablonen

Leichtes Papier für die Stiefelmotive

Bleistift

5 Die beiden Stiefelteile links auf links zusammenlegen und mit Stecknadeln entlang der eingeschlagenen Nahtkante aufeinander stecken. Mit starkem Zwirn die beiden Teile mit normalem Vorstich zusammennähen.

NIKOLAUSSTIEFEL AUS STOFF

2 Nach den Vorlagen auf Seite 142 Schablonen des kleinen und großen Herzens herstellen. Das große Herz aus einfarbigem, das kleine aus rot gewürfeltem Stoff ausschneiden. Die Herzen mit Stoffkleber aufeinanderkleben, dann mitten auf die Vorderseite des Stiefelschafts kleben.

3 Mit dickem rotem Faden einen Knopf auf den Scheitelpunkt des Herzens nähen, die Fadenenden über dem Knopf verknoten und etwa 6 mm über dem Knopf abschneiden. Eine Schleife aus rotem Faden binden und auf das karierte Stoffherz kleben.

4 Die Nahtzugabe an den Rundungen des Stoffs einschneiden, sodass er flach liegt. Die ungesäumten Kanten zur linken Seite des Stoffs hin 1,5 cm weit nach innen klappen. Lediglich die Oberkante auslassen.

6 Den blaukarierten Stoff auf die rechte Seite legen. Rundum einen Rand von 1,5 cm umschlagen und von links anbügeln. Den blaukarierten Stoff mit der umgeschlagenen Kante nach innen auf den rotkarierten Stiefel legen und mit Stoffkleber rundum am Stiefelschaft ankleben und seitlich schließen.

7 Den Umschlag an der Oberkante des blaukarierten Stoffs mit Vorstich mit festem weißem Zwirn sichern.

8 Mit dickem rotem Faden in gleichmäßigem Abstand vorn auf die Stoßkante zwischen Stiefelschaft und Stulpe sechs Knöpfe nähen. Ganz zum Schluss kann man aus einem kleinen Stoffrest eine Schlaufe nähen und als Aufhänger hinten an der Naht der Stulpe anbringen.

BESONDERE GELEGENHEITEN ◆ RUSTIKALES WEIHNACHTSFEST

KARTEN UND GESCHENKBEUTEL

MATERIALIEN

Karten

Festes Papier
(16 × 32 cm)

Bunte und einfarbige Stoffreste aus Baumwollstoffen in verschiedenen Farben und Karomustern

Schere

Stoffkleber

4 kleine, flache Knöpfe

Dickes grünes Garn und große Nähnadel

Beutel

Gemusterter Baumwollstoff für den Beutel (38 × 100 cm)

Unifarbener Stoff für die Tasche (22 × 23 cm) und zwei Streifen (7 × 40 cm) für den Tunnel

Ein Streifen gemusterter Stoff (2,5 × 106 cm) für das Zugband

Gemusterte Stoffreste für verschiedene Applikationsmuster

Schere

Stoffkleber

9 kleine und 4 größere flache Knöpfe

Stecknadeln

Grünes Nähgarn und Nähnadel

Dickes grünes und rotes Garn und große Nähnadel

Die Anleitung beschreibt Schritt für Schritt die Herstellung der Karte mit dem Rentiermotiv auf Seite 94. Auf die gleiche Art und Weise können Karten mit anderen Motiven hergestellt werden. Auch Anhänger wie die auf Seite 94 gezeigten kann man auf diese Weise basteln. Man bezieht festes Papier oder leichten Karton mit Stoff, indem man ihn aufklebt. Dann schneidet man das Grundmotiv aus und verziert es nach Belieben. Als Aufhänger kann man Kordel, Geschenkband oder einen schmalen Stoffstreifen in passender Farbe verwenden.

GRUSSKARTE

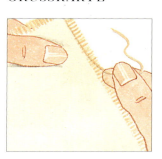 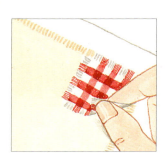 

1 Das Rechteck aus Papier in der Mitte falten. Ein Stoffquadrat von 14 cm Seitenlänge schneiden, ausfransen und mitten auf die Vorderklappe der Karte kleben.

2 Aus anderem Stoff vier 2,5 cm große Quadrate schneiden, ausfransen und in die vier Ecken des schon aufgeklebten Stoffs kleben.

3 Aus demselben oder anderem Stoff ein Quadrat von 9 cm schneiden, ausfransen und in die Mitte kleben.

 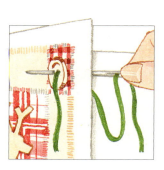 

4 Nach der Vorlage auf Seite 143 das Rentier auf einfarbigen Stoff übertragen, ausschneiden und auf das mittlere Quadrat kleben.

5 Auf jedes Eckquadrat mit dickem, farbigem Faden je einen Knopf heften; die Fadenenden vorn verknoten.

6 Aus dickem Faden eine Schleife binden und dem Rentier auf den Hals kleben.

KARTEN UND GESCHENKBEUTEL

DEKORIERTER STOFFBEUTEL

1 Nach der Vorlage auf Seite 142 einen Zackenstreifen von 34 cm Länge aus einem gemusterten Stoff schneiden und quer über der Mitte des Beutelstoffs aufkleben.

2 Nach der Vorlage auf Seite 143 aus anders gemustertem Stoff acht kleine Sterne ausschneiden und je einen Stern über einen der Zacken kleben.

3 Nach der Vorlage auf Seite 143 aus verschieden gemusterten Stoffen einen großen Stern und einen Tannenbaum ausschneiden und auf das Stoffstück für die Tasche kleben.

4 Seitlich und am unteren Ende des Stoffs für die Tasche einen 2 cm breiten Streifen zur Innenseite umschlagen, oben 3 cm umschlagen. Alle Umschläge fest anbügeln.

5 Mit dickem Faden auf die vier Ecken der Tasche Knöpfe nähen. Die Fadenenden zur Schleife binden. Einen fünften Knopf mit rotem Faden mitten in den Stern nähen.

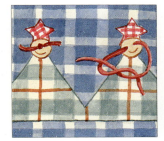

6 Auf die gleiche Weise kleine Knöpfe zwischen Zacken und Sterne nähen.

7 Die Tasche mit Stecknadeln auf den Beutelstoff stecken. Mit grünem Garn mit einfachem Vorstich die Tasche auf den Stoff nähen.

8 Wie auf Seite 30 und 31 beschrieben, den Stoff für den Zugbandtunnel aufnähen und den Beutel fertigstellen. Mit Hilfe einer Sicherheitsnadel das Stoffband durch den Tunnel ziehen und die Enden des Bandes mit Knoten sichern.

99

SAG'S MIT BLUMEN

Blumen als Geschenk

Blumen sind ein beliebtes Geschenk und ein stets willkommenes Mitbringsel. Allerdings muss es nicht immer das aufwändige und teure Gebinde oder Gesteck aus dem Blumenladen sein. Auch eine schlichte Topfpflanze kann viel Freude auslösen, insbesondere wenn sie individuell und hübsch verpackt ist. Selbst Schnittblumen aus dem eigenen Garten können ein schönes Mitbringsel sein, wenn man sie originell einwickelt.

Wer einen echten Blumenfreund beschenken möchte, wird selbst mit einfachen Samen und Blumenzwiebeln Begeisterung auslösen können; ein Hobbykoch wird sich über einen Topf mit frischen Kräutern mehr freuen als über einen teuren Strauß aus dem Laden.

Die folgenden Seiten zeigen, wie man aus Schnittblumen, Blumentöpfen, Blumenzwiebeln oder auch einem Korb voll Obst aus dem eigenen Garten hübsche Geschenke machen kann. Bei der Ausgestaltung wird auf viele Techniken und Vorschläge der vorausgegangenen Seiten zurückgegriffen, es werden aber auch neue Ideen präsentiert – etwa wie man Blumentöpfe dekoriert (siehe Seite 106).

FRUCHTKÖRBE

Im Herbst reifen Früchte wie Äpfel und Birnen oder Steinobst wie Pflaumen und Mirabellen. Dekorativ verpackt können sie ein originelles Mitbringsel zu einem Herbstfest sein.

Man kann einen großen bunten Früchtekorb mit verschiedenen Obstsorten zusammenstellen oder die Obstsorten einzeln in Körbchen verpacken. Vor allem empfindliche Früchte wie zarte Beeren oder weniger robustes Steinobst sollte man nur in kleinen Portionen in Körbchen packen, damit die Früchte nicht zerdrückt werden.

Den Korb legt man mit Seidenpapier, Papierschnitt, Ostergras o. Ä. aus. Alternativ kann man eine Lage frischer Blätter oder hübsche Papierservietten nehmen. Besonders schön sieht es aus, wenn man große Früchte wie Äpfel oder Birnen einzeln verpackt.

Aber nicht nur Obst und Früchte können ein leckeres Mitbringsel für gute Freunde sein, auch frisch geerntete, gut gesäuberte Gemüse aus eigener Zucht oder vom Wochenmarkt können ein originelles Geschenk darstellen – man muss es nur effektvoll präsentieren. Wählen Sie einen besonders attraktiven Korb aus Holz oder Weide oder einen typischen Spankorb und verzieren Sie ihn je nach Wunsch mit einer rustikalen Schleife und/oder einem interessanten Geschenkanhänger.

Oben: Frische Feigenblätter verleihen dem Spankorb mit frisch gepflückten Pflaumen einen Hauch Exotik. Die frischen Pflaumen können roh als Dessert verzehrt werden.

Linke Seite: Ein Korb voller roter, saftiger Äpfel, dekoriert mit einem Bündel Beeren und Blättern, ist ein wunderbares Geschenk für gute Freunde, die zur letzten Gartenparty des Jahres eingeladen haben.

BLUMENZWIEBELN ALS GESCHENK

Obwohl Zwiebeln mit ihren braunen, brüchigen Schalen nicht sehr ansehnlich sind, tragen sie doch die Hoffnung auf den nächsten Frühling in sich. Je mehr Mühe man sich mit der Verpackung der Zwiebeln macht, umso größer wird die ausgelöste Freude des Beschenkten – in der Regel sind es Hobbygärtner – sein.

Es versteht sich, dass man keine edle Verpackung wählen wird, die mit dem Geschenk zu stark kontrastiert. Eine rustikale, schlichte Lösung ist die beste. Zum Beispiel könnten die Blumenzwiebeln zwischen Moosen und Gräsern in einem alten Blumentopf liegen. Ein Stück dicke Sisalkordel könnte die passende Schleife dafür abgeben. Ebenfalls als Verpackung geeignet wäre ein schlichtes Säckchen aus Jute, Rupfen, Sisal oder einem anderen groben Stoff, das man fertig kaufen kann. Wie man ein solches Säckchen rasch selber machen kann, steht auf den Seiten 30 und 31. Auf ein Zugband wird man verzichten müssen; eine attraktive, dicke Kordel und ein hübscher Geschenkanhänger sollten aber nicht fehlen.

Schließlich kann man auch eine Tüte aus braunem Packpapier kaufen oder selber machen (siehe Seite 28). Eine »Bauchbinde« aus grobem Sisalstoff gibt der schlichten Tüte eine individuelle Note. Man kann auch nur eine einzelne große Zwiebel mit einem Anhänger versehen und ansonsten unverpackt lassen.

Ist der Beschenkte jemand, der sich mit der Handhabung der Zwiebeln nicht auskennt, versteckt man irgendwo in der Verpackung eine Anleitung, wie mit der Zwiebel umzugehen ist, damit sich auch wirklich eine schöne Blütenpflanze aus ihr entwickelt.

Oben: Eine einzelne Zwiebel kann ein amüsantes Präsent sein, wenn man sie mit einem hübschen Anhänger versieht. Auf ihm sollte vor allem auch stehen, um welche Zwiebelart es sich handelt.

Rechts: Bei der Verpackung von Blumenzwiebeln kann man der Fantasie freien Lauf lassen. Ob Blumentopf, Säckchen oder Tüte – es gibt immer die Möglichkeit, die Verpackung attraktiv zu gestalten. Wichtig ist auch, dass dem Beschenkten eine genaue Pflanzanleitung gegeben wird, damit die Zwiebel die in ihr steckende Schönheit auch voll entfalten kann.

Links: Ein schlichter Topf wurde durch Modelliermasse aus Ton in ein Gesicht verwandelt, indem Nase und Augenbrauen gestaltet wurden. Der Topf wird danach dünn mit weißer Farbe übermalt. Zierkohl bildet den Haarschopf.

BLUMENTOPF-GESICHTER

Aus bestimmten Arten von Zimmerpflanzen und Küchenkräutern (siehe nebenstehende Liste) kann man witzige Blumentopfgesichter machen. Reine Blattpflanzen sind besser geeignet als Blütenpflanzen, doch bieten sich moosig wirkende Arten mit kleinen Blüten natürlich ebenfalls an. Der Blumentopf wird zu einem Gesicht gestaltet, während die Pflanze selbst die »Haare« bildet.

Je nach Art der Pflanze kann man den Eindruck eines Krauskopfs, eines wilden Wuschelkopfs, einer Strähnenfrisur oder auch – beispielsweise mit Erika – eines Rotschopfs erwecken.

Zum Haarschopf passend verziert man den Blumentopf oder auch den Übertopf. Man kann das Gesicht auf den Topf aufmalen, mit Ton oder anderer Modelliermasse reliefartig gestalten oder aus geeigneten Kieselsteinen, Porzellan-, Glas- oder Terrakottascherben Gesichter aufkleben.

Der Ausdruck des Blumentopfgesichts kann zeitlos sein, wenn man (wie auf der Abbildung links) nur eine zarte Nase und Augenbrauen modelliert. Das Gesicht kann erstaunt oder sogar ein wenig traurig wirken. Wichtig ist, dass die Pflanze direkt aus dem Topfrand zu sprießen scheint, damit der erwünschte »Haareffekt« erzielt wird. Deshalb könnte es nötig sein, dass man einen Übertopf verwendet, der längere Stängel abdeckt.

PFLANZEN, DIE SICH ALS »HAARE« EIGNEN

Kakteen
Runde, wollige oder hängende Arten
Farne
Weißbunter Kalmus
Buntsegge und Gräser
Erika
Efeu (kleinblättrige Arten)
Helichrysum thianshanicum
Grünlilie
Calocephalus
Schnittlauch
Petersilie
Thymian

BLUMENTOPFGESICHTER

Oben: Zwei außergewöhnliche Töpfe bilden die Grundlage dieser Gesichter. Für den linken Topf wurden kleine Gipsplatten angefertigt, auf den Topf geklebt und dann mit Farbe aus dem Malkasten bemalt. Die Henkel dienen nun als Ohren, an denen mit Draht Ohrringe befestigt wurden. Der rechte Topf erhielt sein Gesicht durch aufgeklebte Kieselsteine.

Links: Dieser markante Typ hat Kaktushaare und Gesichtszüge aus Muscheln und Kieselsteinen. Ein alter Zinkeimer dient als Übertopf. Ein Teil der Steine wurde zusätzlich mit Blumendraht umwickelt, was einen besonderen Effekt ergibt.

Oben: Ein kleiner Topf mit einer einzelnen großen Blüte ist in leuchtendes Papier verpackt. Eine Schleife aus Nahtband und ein einfacher Geschenkanhänger (siehe Seite 110) vervollständigen das Ganze zu einem liebevollen Mitbringsel.

STRÄUSSE UND TÖPFE VERPACKEN

Es erfordert nur wenig Zeit, einen Blumenstrauß oder eine Topfpflanze hübsch zu verpacken. Der minimale Extraaufwand macht jedoch aus einem Standardgeschenk eine ganz besondere kleine Gabe. Wenn es sich zusätzlich um eine selbst gezogene Pflanze handelt, wird die ausgelöste Freude umso größer sein.

Kräftig gefärbtes Seidenpapier ist eine ideale Ergänzung schlichter, einfarbiger Blüten wie etwa Tulpen oder Gerbera. Man muss aber darauf achten, dass das Papier nicht nass wird, denn Seidenpapier kann dabei leicht »ausbluten«, was Flecken erzeugt. Feuchte Stängel oder Töpfe umhüllt man deshalb zunächst mit schützenden Plastiktüten. Hat man mit den Blumen einen längeren Weg vor sich, wickelt man sie in Packpapier, das lediglich mit locker drapiertem Seidenpapier verkleidet wird.

Besonders effektvoll ist eine doppelte Lage farblich kontrastierender Papiere, wobei ein Papier mit einem Motivausstecher gelocht wird, sodass die Farbe des anderen Papiers hindurchscheint.

Immer etwas Besonderes sind Blumen, an denen ein liebevoll gestalteter Anhänger oder eine selbst gebastelte Grußkarte hängt. Die folgenden Seiten bieten eine Auswahl gelungener Beispiele und Anregungen.

STRÄUSSE UND TÖPFE VERPACKEN

EINEN STRAUSS UMHÜLLEN

1 Die Höhe des Straußes abmessen. Je einen Bogen Geschenk- und Seidenpapier abmessen. Aus dem Geschenkpapier an zwei Seiten Motive ausstechen.

2 Das Seidenpapier nach innen nehmen und den Strauß mit beiden Papieren wie mit einer Spitztüte locker umhüllen.

EINEN TOPF UMHÜLLEN

Je einen Bogen Pack- und Seidenpapier aufeinander legen, den Topf darauf stellen und mit den Papieren umhüllen. Mit Klebefilm sichern und dekorieren.

Oben: Gekaufte oder im eigenen Garten geschnittene Sträuße können durch ihre Verpackung zu einem besonderen Geschenk werden. Wer keinen Motivstanzer besitzt, kann das obere Papier auch mit einem schlichten Zacken- oder Wellenrand versehen.

Rechts: Einer Topfpflanze verleiht man mit einer elegant drapierten Doppellage aus Pack- und Seidenpapier ein hübsches Aussehen.

BESONDERE GELEGENHEITEN ◆ BLUMEN ALS GESCHENK

ANHÄNGER UND DEKORATIONEN

Links: Kleine bunte Briefumschläge, die einen Gruß oder auch Samen zum Aussäen enthalten, sind mit Motiven aus Draht und Seidenpapier (siehe Seite 112) dekoriert.

Oben: Ein Anhänger mit Schmetterlingen kann aus gestempelten Motiven (siehe Seiten 86 und 87) oder aus ausgeschnittenen Motiven (siehe Découpage, Seite 60 bis 63) gestaltet werden. Sehr dekorativ wirkt auch ein Stückchen Wellpappe, auf das eine einzelne kleine Blüte geklebt wurde (siehe unten). Das dazu passende Geschenkband besteht aus schlichter, rustikaler Sisalkordel.

Ein selbst gemachter Anhänger, der auf der Rückseite liebe Grüße oder Glückwünsche des Schenkenden trägt, macht aus einem simplen Blumengeschenk eine edle Gabe, an die sich der Beschenkte lange erinnert. Die Herstellung solcher Anhänger ist denkbar einfach: Als Grundformen der hier vorgestellten Beispiele dienen Gepäckanhänger, die man fertig kaufen oder nach den Vorlagen auf Seite 131 in beliebiger Größe selbst schneiden kann. Man muss dann nur noch eine passende gekaufte oder eine selbst gebastelte Dekoration darauf kleben und einen Faden durch das Loch ziehen. Es empfiehlt sich, den Anhänger zunächst auf der Rückseite zu beschriften und erst dann zu dekorieren.

ANHÄNGER UND DEKORATIONEN

METALLBLÄTTER

Metallfolien für Bastelarbeiten gibt es im Fachhandel. Da sie dünn sind, kann man sie mit einer normalen Schere ausschneiden. Für kleine Kinder sind diese Arbeiten nicht geeignet.

Oben und unten: Aus dünner Silber-, Gold- oder Kupferfolie kann man anhand von Schablonen Blätter zur Dekoration ausschneiden. Auf der Rückseite der Folie sollte man Linien eindrücken.

1 Aus Karton eine Blattform als Schablone schneiden (Vorlagen siehe Seiten 132, 137, 138 und 139) und die Umrisse auf die Folie übertragen.

2 Die Form vorsichtig mit einer scharfen Schere ausschneiden.

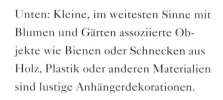

Unten: Kleine, im weitesten Sinne mit Blumen und Gärten assoziierte Objekte wie Bienen oder Schnecken aus Holz, Plastik oder anderen Materialien sind lustige Anhängerdekorationen.

3 Auf der Rückseite der Folienblätter vorsichtig Blattrippen einritzen.

111

BESONDERE GELEGENHEITEN ◆ BLUMEN ALS GESCHENK

ANHÄNGER AUS DRAHT UND SEIDENPAPIER

Für diese Dekorationen benötigt man dünnen Draht (in Bastelgeschäften erhältlich) und Seidenpapier.

1 Ein Stück dünnen Draht in die gewünschte Form biegen.

2 Ein Stück Seidenpapier passend zurechtschneiden und mit Kleber bestreichen. Die Drahtform zwischen zwei Lagen Papier einkleben und außen am Draht entlang ausschneiden.

3 Mit Seidenpapier dekorieren.

Links und unten: Die fertigen Dekorationen aus Draht und Seidenpapier kann man auf Tonpapier bzw. leichten Tonkarton oder auch auf Umschläge aufkleben, in denen man Samen verschenken möchte. Das Motiv sollte dann andeuten, welche Samen das Päckchen enthält.

Unten links und rechts: Aus Papier geschnittene Blüten (Vorlagen Seite 139) oder andere Motive wie etwa Weihnachtsbäume (Vorlagen siehe Seite 143), ein Stechpalmenblatt (Vorlage Seite 141) oder Herzen (Vorlagen Seite 137) können ausgeschnitten und auf schlichte Gepäckanhänger geklebt sehr effektvolle Anhänger für Blumengeschenke aller Art darstellen. Die

ANHÄNGER UND DEKORATIONEN

Links, rechts und unten: Einen Anhänger, der zu einem Blumengeschenk passt, bastelt man am schnellsten, indem man einen fertigen Gepäckanhänger oder ein Stück zurechtgeschnittene Pappe mit irgendetwas beklebt, das an einen Garten erinnert – zum Beispiel Rindenstücke, Samenkörner, kleine Kiesel, gepresste Blüten oder Blätter.

hier gezeigten Anhänger sollen Anregungen dafür bieten, wie man Farben und Formen wirkungsvoll miteinander kombinieren und wie man die Anhänger zusätzlich hübsch dekorieren kann, zum Beispiel, indem man kleine Kreise aus dem Papierlocher mit aufklebt oder bunte Lochverstärkungsringe benutzt. Man kann sie auch mit Linien benähen.

Unten: Ein Anhänger kann auch als Dekoration einer Grußkarte dienen. Man klebt ihn einfach vorn auf einen Bogen gefalztes Tonpapier. Die eigentlichen Grüße schreibt man auf ein eingelegtes Papier. Wer sich verschreibt, kann die dekorierte Karte in jedem Fall wiederverwenden.

BESONDERE GELEGENHEITEN ◆ BLUMEN ALS GESCHENK

TOPF MIT KAROMUSTER

BLUMENTÖPFE DEKORIEREN

1 Der Topf muss sauber und trocken sein. Schneiden Sie aus Abdeckband Quadrate und kleben Sie sie im Schachbrettmuster rundum auf den Topf.

Aus einem einfachen Blumentopf aus Terrakotta kann ein edler Pflanz- oder Übertopf werden, der selbst das schlichteste Blümchen zu einer außergewöhnlichen Pflanze macht. Am wenigsten Arbeit macht es, wenn man neue Blumentöpfe verwendet, die zu geringen Preisen in Gartencentern erhältlich sind. Man kann zwar auch alte Blumentöpfe verwenden, doch muss man sie vorher gründlich reinigen und gut trocknen lassen. Auch ist es besser, die dekorierten Töpfe als Übertöpfe zu verwenden. Nimmt man sie direkt als Pflanztöpfe, können die unvermeidlichen Ausblühungen und Ablagerungen die Dekoration nach einiger Zeit unansehnlich werden lassen.

2 Vergewissern Sie sich, dass das Abdeckband überall fest anliegt. Bemalen Sie die nicht abgedeckten Flächen mit einer Farbe nach Wahl.

Bei der Wahl der Farben ist zu überlegen, ob der Topf im Zimmer oder im Freien stehen soll. Für Töpfe, die im Zimmer stehen, kann man wasserlösliche Farben (z. B. Plakatfarbe) verwenden; für Töpfe, die im Freien stehen sollen, verwendet man Lackfarben oder man lackiert die bemalten Töpfe. Auch Colorspray ist geeignet.

Ob man den Topf aus der freien Hand bemalt, ob man mit Abdeckband (siehe links) oder mit Schablonen (siehe rechts) arbeitet, ist völlig freigestellt. Ebenso können Sie den ganzen Topf zunächst mit einer Farbe grundieren und dann erst

3 Wenn die Farbe vollkommen trocken ist, das Abdeckband vorsichtig abziehen.

114

BLUMENTÖPFE DEKORIEREN

Links: Blumentöpfe aus Terrakotta sind billig in der Anschaffung und werden in verschiedenen Formen und Größen angeboten. Man kann sie frei aus der Hand oder mit Hilfe von Schablonen bemalen.

Unten links: Gold- oder Silberbronze sind Farben, die gut zu Terrakotta passen und den Töpfen einen Hauch von Eleganz verleihen.

Muster aufmalen oder den Terrakottaton als Grundfarbe beibehalten und nur einzelne Motive oder Muster aufbringen

Eine besonders interessante Form der Dekoration ist das Mosaik. Dazu kann man auch alte – aber gut gesäuberte – Blumentöpfe verwenden, denn die Außenfläche wird vollständig mit Zement oder Mörtel bedeckt. Für das eigentliche Mosaik kann man Kieselsteine, Muscheln, Schneckenhäuser oder bunte Glas- und Porzellanscherben verwenden, ebenso zerschlagene Badezimmerfliesen oder fertige Mosaiksteinchen aus dem Fachhandel.

MOSAIKTÖPFE

1 Zement nach Packungsanweisung anrühren und den ganzen Topf damit rundum gut 1 cm dick bestreichen.

2 In den noch feuchten Zement Muscheln, Mosaiksteine oder Porzellanscherben drücken; gut trocknen lassen.

SCHABLONIERTE TÖPFE

Möglichst nur Schablonenpapier aus dem Fachhandel verwenden.

1 Ein einfaches Motiv wählen, zum Beispiel ein Blatt; es auf das Schablonenpapier übertragen und ausschneiden.

2 Den Topf nach Wunsch mit einer Grundfarbe rundum einstreichen; die Farbe vollständig trocknen lassen.

3 Die Schablone auf den Topf aufkleben. Farbe auftupfen. Schablone entfernen, an anderer Stelle wieder aufkleben. Fortfahren, bis alles dekoriert ist.

Ideen und Mustervorlagen

Auf den folgenden Seiten werden auf engem Raum Beispiele der im Buch vorgestellten Techniken gezeigt sowie kleine Extras, die dem verpackten Geschenk den letzten Schliff geben. Die Mustervorlagen bieten alle im Buch verwendeten Motive und Muster zum Kopieren.

IDEEN und TECHNIKEN

Wer auf der Suche nach zündenden Einfällen ist, findet in diesem Kapitel jede Menge Hinweise und guten Rat. Es werden die verschiedensten Techniken noch einmal kurz vorgestellt, und es wird danach unterschieden, ob auch Kinder sie bereits ausführen können, ob sie viel oder wenig Zeit erfordern und welche Materialien man für sie benötigt. Da die Techniken mit jeweils anderen Motiven und Mustern vorgestellt werden als in den entsprechenden Kapiteln des Buches, können Sie zahlreiche neue Anregungen gewinnen.

Alle Techniken können zur Gestaltung von Geschenkpapier, Geschenkkartons, Beuteln, Anhängern, Karten und Umschlägen verwendet werden. Wer in Eile ist, kann Anregungen finden, wie gekaufte Grundelemente – Geschenkpapiere, Briefkarten mit Umschlägen oder Gepäckanhänger – individuell dekoriert werden können.

Wer sich mehr Zeit nehmen kann und Freude am Basteln hat, kann experimentieren und verschiedene Techniken frei miteinander kombinieren. Auf Seite 121 wird ein Beispiel für die gelungene Kombination von Découpage und Schablonierung vorgestellt. Entsprechend könnte man auch andere Techniken miteinander verknüpfen. Auf den Seiten 128–143 finden sich Vorlagen für unterschiedliche Motive. Wer für sich eine bestimmte Technik entdeckt hat, findet auf den jeweils genannten Seiten die genaue Beschreibung der Arbeitsvorgänge.

DÉCOUPAGE
In alten Zeitschriften kann man nach Motiven zum Ausschneiden suchen. Braucht man das Motiv öfter, fotokopiert man es in der erforderlichen Anzahl. Schwarzweiß-Fotokopien kann man mit Filzstiften oder anderen Stiften kolorieren. Da die Technik relativ viel Zeit erfordert, wird man sie für besondere Gelegenheiten reservieren. Man kann Kinder in Zeitschriften nach Motiven suchen lassen. *Siehe Seite 60–63.*

SPRITZTECHNIK
Mit Hilfe einer alten Zahnbürste wird Farbe auf Papier gespritzt. Zwar muss man die Arbeitsfläche, die eigene Kleidung und Umgebung vor Farbspritzern schützen, doch erfordert die Technik selbst wenig Aufwand und keinerlei künstlerische Fähigkeiten. Selbst kleine Kinder können bereits mitmachen und haben großen Spaß dabei. *Siehe Seite 36.*

IDEEN UND TECHNIKEN

PERFORIERTES PAPIER

Für diese raffinierte Dekorationstechnik benötigt man eine Nadel, mit der man die vorgezeichnete Motivlinie Punkt für Punkt durchsticht. Je nach Größe der Löcher, Struktur und Farbe des Papiers sowie der Art der Motive ergeben sich unterschiedliche Effekte. Eine aufwändige, zeitraubende Technik, die man zunächst an einem Anhänger oder einer Karte testen sollte. *Siehe Seiten 42 und 43.*

GERISSENES PAPIER

Ein paar Fetzen gerissenes Papier können gekauftes Geschenkpapier oder einen selbst gefärbten alten Karton rasch in eine tolle Verpackung für ein Präsent verwandeln. Natürlich eignet sich die Technik auch für aufwändige, große Collagen, die man als Bild aufhängen kann. Besondere Fähigkeiten erfordert die Technik nicht; auch Kinder sind mit Begeisterung dabei. *Siehe Seiten 78 und 79.*

GESCHNITTENES PAPIER

Um einem Geschenk, das man in unifarbenes Papier gewickelt hat, einen individuellen Anstrich zu verleihen, kann man es mit ausgeschnittenen Motiven oder mit fertigen, selbstklebenden kleinen Stickern bekleben. Während ältere Kinder selbst gezeichnete Motive ausschneiden können, werden kleine Kinder Sticker verwenden. *Siehe Seiten 54 und 55.*

GEBLEICHTES PAPIER

Mit verdünnter Entfärberlösung kann man farbiges Seidenpapier gezielt ausbleichen und so sehr einfache oder – je nach künstlerischer Fähigkeit – auch sehr komplizierte Muster aufbringen. Da mit Chemikalien gearbeitet wird, ist die Technik nur für größere Kinder geeignet, die sich der Gefahren bewusst sind. Doch auch kleinere Kinder können die einfache Technik unter Aufsicht anwenden. *Siehe Seiten 72 und 73.*

IDEEN UND MUSTERVORLAGEN

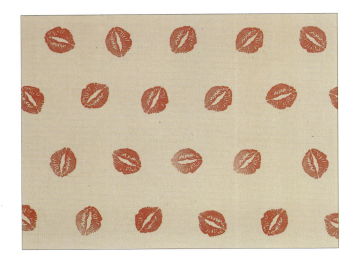

BESTEMPELTES PAPIER

Die einfachste aller Dekorationstechniken, die auch kleine Kinder schon gut beherrschen, ist das Stempeln. Es gibt fertig geschnittene Gummistempel mit allen möglichen Motiven in unterschiedlichen Größen, ebenso Stempelkissen, die mit den verschiedensten Stempelfarben getränkt sind. Aus Gemüse wie Kartoffeln kann man sehr einfache Formen auch selber schneiden. *Siehe Seiten 84 und 85.*

SCHABLONIEREN MIT TROCKENEM PINSEL

Für diese Art der Schablonierung verwendet man einen flachen Pinsel mit harten Borsten, den man sehr sparsam mit möglichst trockener Farbe benetzt. Die dadurch nicht einheitlich aufgetragene Farbe erhält streifige Effekte, die auf strukturiertem Papier besonders hervortreten. Da Perfektion nicht angestrebt wird, können selbst künstlerisch Unbegabte diese Technik anwenden. *Siehe Seiten 90 und 91.*

SCHABLONIEREN

Geschenkpapier, Karten, Anhänger oder Geschenkschachteln mit Hilfe von Schablonen zu dekorieren ist relativ einfach, erfordert aber ein wenig Zeit, da man zunächst die Schablonen schneiden muss. Man kann dazu aus den Vorlagen dieses Buches Motive wählen. In Papierwarenläden gibt es auch fertige Schablonen. *Siehe Seiten 66 und 67.*

TROCKENPINSELDEKORATION

Die ideale Technik für alle, die es eilig haben. Mit einem flachen Pinsel mit harten Borsten, den man sehr sparsam mit möglichst trockener Farbe benetzt, setzt man einfachste Muster auf Geschenkpapier, Karten oder Anhänger. Da die Farbe trocken ist, besteht wenig Gefahr, dass man sich oder die Umgebung bespritzt. *Siehe Seite 37.*

IDEEN UND TECHNIKEN

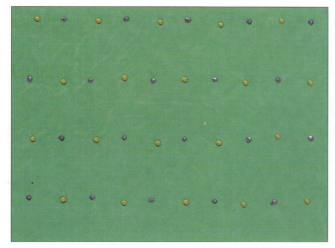

STRUKTURFARBENPUNKTE
Spezielle Strukturfarbe, die in kleinen Tuben und Plastikfläschchen mit dünner Tülle angeboten wird, kann man direkt auf das Papier setzen. Da die Paste nicht verläuft, bilden sich nach dem Trocknen erhabene Reliefmuster. Man kann eigene Muster gestalten oder bereits auf dem Papier vorhandene Motive umfahren und dadurch betonen. *Siehe Seite 37.*

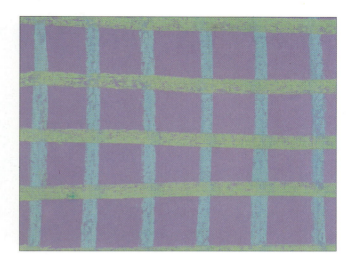

MIT KREIDE BEMALTES PAPIER
Eine einfache Technik, die allerdings etwas Vorsicht erfordert, da man die Kreide während der Arbeit nicht verwischen darf. Man malt mit bunter Schulkreide Linien oder andere Muster auf Seidenpapier. Zum Schluss muss das Papier mit Fixativ besprüht werden, damit die Kreide nicht verschmiert. *Siehe Seiten 48 und 49.*

STOFFCOLLAGE
Aus wenig fransenden Stoffen kann man Formen ausschneiden und auf Geschenkpapier kleben. Auch sehr hübsche Geschenkanhänger oder Grußkarten kann man mit dieser Methode gestalten. Ebenfalls geeignet ist die Technik zur Verzierung von genähten Stoffbeuteln, die man als Tüten zum Verpacken von Geschenken benutzt. *Siehe Seiten 98 und 99.*

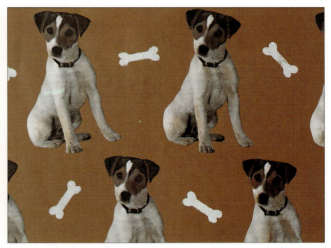

DÉCOUPAGE UND SCHABLONIERUNG
Wie effektvoll man verschiedene Techniken miteinander kombinieren kann, zeigt dieses Beispiel. Zwischen ausgeschnittene Farbfotokopien des Hundebildes wurden mit Schablone gemalte Knochen gesetzt. Hunderte andere Kombinationen dieser Art sind denkbar. *Siehe Seiten 60 und 61 zur Technik der Découpage und die Seiten 66 und 67 zum Schablonieren.*

LEITFADEN für den letzten SCHLIFF

Um einem hübsch verpackten Geschenk mit einem kleinen Extra den letzten Schliff zu verleihen, muss man nicht viel Zeit aufwenden. Schon eine einfache frische Blüte oder ein unter das Geschenkband geschobener kleiner Strauß kann dem schlicht verpackten Geschenk einen besonderen Pfiff verleihen. Statt Blüten kann man auch frische Blätter wie zum Beispiel Efeu verwenden.

Wenn das Geschenk längere Zeit liegen muss oder sogar verschickt wird, darf man keine frischen Blumen nehmen. Als Alternative kann man Zapfen, Eicheln oder Samenkapseln zur Dekoration verwenden oder aus getrockneten Blumen und Gräsern kleine Sträuße binden. Zu einem Weihnachtsgeschenk passen getrocknete Beeren am Zweig oder kleine Beerensträuße, die man mit Goldlack besprüht. Getrocknete Herbstblätter oder aus Papier geschnittene Blätter kann man mit Punkten aus Strukturfarbe verzieren.

Blüten, vor allem Rosenblüten, kann man auch aus Geschenkband oder Papier basteln. Schleifen sind die traditionelle Garnierung eines verpackten Geschenks.

Ein Geschenkanhänger, der dem Beschenkten mit wenigen Worten sagt, von wem das Geschenk kommt, ist ganz besonders wichtig. Einige der hier vorgestellten Beispiele für Anhänger können auch auf eine Briefkarte geklebt und als Grußkarte verwendet werden.

Die Seitenzahlen bei den Beispielen verweisen auf die Seiten, auf denen die Technik der Herstellung genau beschrieben wird.

BLÜTEN, BLÄTTER, STRÄUSSE, BEEREN

FRISCHE BLÜTEN
Frische Blüten in kräftigen Farben passen zu jedem Geschenk.

FRISCHES STRÄUSSCHEN
Winzige duftende Blüten und kleine Blätter zieren die schöne Gabe.

FRISCHE BLÄTTER
Leicht marmorierte Blätter wie Efeu machen sich besonders gut.

NATURDEKORATIONEN
Zapfen, Eicheln, Federn, Muscheln u. Ä. sind tolle Dekorationen.

BLÜTEN, BLÄTTER, STRÄUSSE, BEEREN

GETROCKNETES STRÄUSSCHEN
Getrocknete Blumen und Gräser halten sich lange.

GESCHENKBANDROSEN
Siehe Seite 22.

VERGOLDETE BEEREN
Siehe Seite 38.

PAPIERBLUMEN
Siehe Seiten 74 und 75.

VERGOLDETES STRÄUSSCHEN
*Trockene Blätter und Beeren mit Goldlack besprüht.
Siehe Seite 38.*

PAPIERROSEN
Siehe Seite 68.

DEKORIERTE HERBSTBLÄTTER
Zur Dekoration von echten Blättern und Papierblättern siehe Seite 39.

PAPIERROSENSTRAUSS
Siehe Seite 69.

IDEEN UND MUSTERVORLAGEN ◆ LEITFADEN FÜR DEN LETZTEN SCHLIFF

BÄNDER UND SCHLEIFEN

SCHLEIFE AUS DRAHTKANTENBAND
Binden wie auf Seite 19 beschrieben.

AUFGESCHNITTENE SCHLEIFE
Siehe Seite 23.

BREITE SCHLEIFE AUS PAPIERBAND
Siehe Seite 21.

SCHLEIFE AUS DÜNNEM BAND MIT FRANSEN
Siehe Seite 21.

DÜNNE PAPIERSCHLEIFE
Siehe Seite 80, wie man Krepppapier verdrillt. Mehrere verschiedenfarbige Stränge zu einer Schleife binden, siehe Seite 19.

KORDELSCHLEIFE
Binden, wie auf Seite 19 beschrieben.

BASTSCHLEIFE
Siehe Seite 20.

TÜLLSCHLEIFE
Binden, wie auf Seite 19 beschrieben. Mit Konfetti gefüllt, siehe Seite 44.

BÄNDER UND SCHLEIFEN

RIPSBANDSCHLEIFE
Binden, wie auf Seite 19 beschrieben.

KREPPPAPIERSCHLEIFE
Einen Streifen Krepppapier binden, wie auf Seite 19 beschrieben.

STOFFSCHLEIFE
Aus nichtfransendem Stoff; binden, wie auf Seite 19 beschrieben.

SCHLEIFE MIT GELOCKTEN ENDEN
Geschenkband aus synthetischem Material wie Polyband bildet Locken, wenn man es über ein stumpfes Messer zieht. Siehe Seite 73.

GELOCHTE PAPIERSCHLEIFE
Zum Lochen siehe Seiten 54 und 55. Die Schleife selbst nach der Anleitung auf Seite 21 für Schleife aus dünnem Band mit Fransen herstellen, aber Fransen weglassen.

AUFGESCHNITTENE FADENSCHLEIFE
Siehe Seite 23, doch statt Bast Bindfaden verwenden.

DEKORIERTE SCHLEIFE
Siehe Seite 22.

KREPPPAPIERKNOTEN
Nach der Anweisung auf Seite 80 zwei Streifen Krepppapier verdrillen. Den einen Streifen als Schleife um den anderen knoten.

IDEEN UND MUSTERVORLAGEN ◆ LEITFADEN FÜR DEN LETZTEN SCHLIFF

GESCHENKANHÄNGER

ZAHLEN- UND BUCHSTABENANHÄNGER
Siehe Seiten 56 und 57.

STOFFCOLLAGE-ANHÄNGER
Siehe Seite 98.

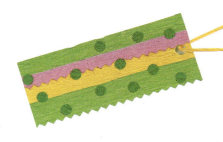

ANHÄNGER AUS GESCHNITTENEM PAPIER
Siehe Seite 54.

GESTEMPELTER ANHÄNGER
Siehe Seite 86.

ANHÄNGER AUS GERISSENEM PAPIER
Siehe Seite 78.

DREIDIMENSIONALER ANHÄNGER
Siehe Seiten 86 und 87.

ANHÄNGER AUS PERFORIERTEM PAPIER
Siehe Seite 42.

GESCHENKANHÄNGER

SCHABLONIERTER ANHÄNGER
Siehe Seite 66.

ANHÄNGER MIT MOTIV
Siehe Seite 50.

MIT TROCKENEM PINSEL BEMALTER ANHÄNGER *Siehe Seite 92.*

DÉCOUPAGE-ANHÄNGER MIT SEIDENPAPIER
Siehe Seite 63.

BLUMENANHÄNGER
Siehe Seite 139 für Vorlagen für Blüten und Blätter.

DÉCOUPAGE-ANHÄNGER MIT GERISSENEM SEIDENPAPIER *Siehe Seite 63.*

MIT KREIDE GEFÄRBTER ANHÄNGER
Siehe Seite 50.

GROSSER DÉCOUPAGE-ANHÄNGER ALS VERPACKUNG *Découpage Seite 62, als Verpackung Seite 93.*

IDEEN UND MUSTERVORLAGEN ◆ VORLAGEN ZUM ABZEICHNEN

VORLAGEN zum ABZEICHNEN

Für alle Entwürfe, Muster und Motive, die in diesem Buch vorgestellt werden, finden sich auf den folgenden Seiten Vorlagen. Formen, die man wahrscheinlich auch in größeren Formaten benötigt, sind auf einem Karogitter abgebildet, sodass man sie vergrößern oder verkleinern kann. Will man eine Vorlage in der abgebildeten Größe verwenden, ist es am einfachsten, sie zu fotokopieren. Die Fotokopie kann man ausschneiden und durch Abpausen oder Umfahren der Umrisslinie übertragen.

Hat man keine Möglichkeit, Fotokopien zu machen oder ist der Entwurf komplizierter – wie beispielsweise die Hochzeitsanhänger auf den Seiten 132 und 133 –, überträgt man die Vorlage des Buches zunächst auf Transparentpapier. Man legt das Papier über die Abbildung und zeichnet sämtliche Linien mit einem harten Bleistift nach. Dann legt man das Transparentpapier mit der Bleistiftlinie nach unten auf Schmierpapier und zeichnet die Linie mit einem weichem Bleistift dick nach. Mit der weichen Bleistiftlinie nach unten legt man das Transparentpapier auf das Material für eine Schablone, eine Karte oder einen Anhänger und zeichnet die Linie erneut von der Gegenseite nach. Sie drückt sich dadurch auf die gewünschte Unterlage ab.

Die schnellste Möglichkeit, Entwürfe in der Größe zu verändern, besteht darin, sie per Zoomfunktion zu vergrößern oder zu verkleinern. Man kann aber auch die etwas zeitaufwändigere Gittermethode verwenden. Das im Buch verwendete Karogitter geht von 1,25 cm großen Quadraten aus. Wer die Vorlage in der Größe verdoppeln will, benötigt ein Karogitter von 2,5 cm großen Quadraten, auf das man die Linien der Vorlage Quadrat um Quadrat überträgt. Möchte man sie in der Größe halbieren, braucht man Karos von 6 mm Größe.

UMSCHLÄGE

SCHLICHTER UMSCHLAG

Die Vorlage ergibt einen Umschlag von 9 × 6 cm. Um einen Umschlag von 18 × 12 cm zu bekommen, muss man die Vorlage beim Fotokopieren um das Doppelte vergrößern oder auf ein Karogitter von 2,5 cm großen Quadraten übertragen. Gestrichelt sind die Linien, an denen der Umschlag gefaltet wird. Fertigstellung siehe Seite 24.

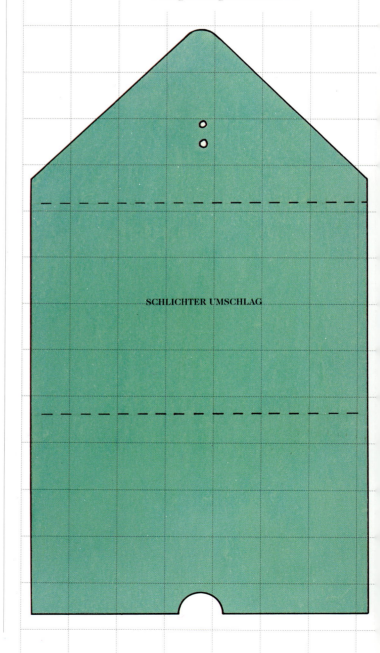

SCHLICHTER UMSCHLAG

UMSCHLÄGE

UMSCHLAG MIT LASCHEN
Die Vorlage ergibt einen Umschlag von 9 × 6,5 cm. Um einen Umschlag von 18 × 13 cm zu bekommen, muss man die Vorlage beim Fotokopieren um das Doppelte vergrößern oder auf ein Karogitter von 2,5 cm großen Quadraten übertragen. Gestrichelt sind die Linien, an denen der Umschlag gefaltet wird. Fertigstellung siehe Seite 25.

BEUTELUMSCHLAG
Die Vorlage ergibt einen Umschlag von 6,5 × 7 cm. Um einen Umschlag von 13 × 14 cm zu bekommen, muss man die Vorlage beim Fotokopieren um das Doppelte vergrößern oder auf ein Karogitter von 2,5 cm großen Quadraten übertragen. Gestrichelt sind die Linien, an denen der Umschlag gefaltet wird. Fertigstellung siehe Seite 25.

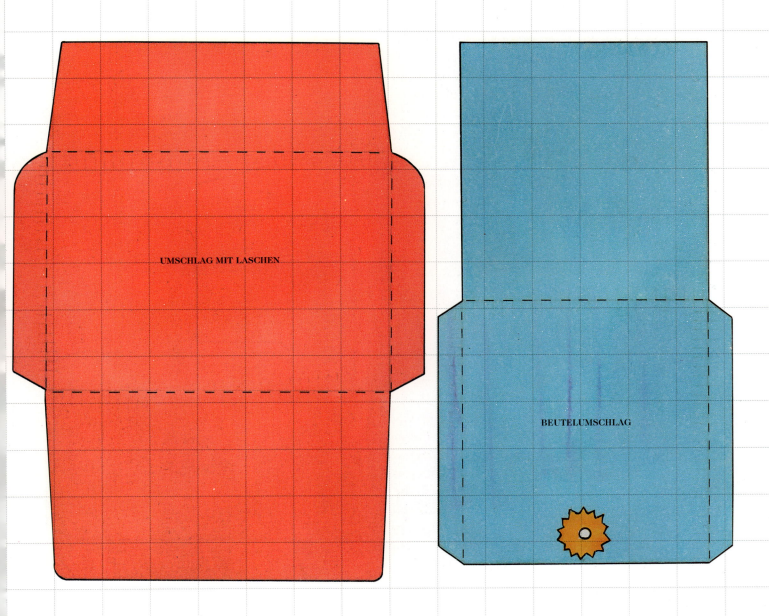

IDEEN UND MUSTERVORLAGEN ◆ VORLAGEN ZUM ABZEICHNEN

SCHACHTELN, SPITZTÜTE UND ANHÄNGER

FLACHE SCHACHTEL (gegenüberliegende Seite)
Die Vorlage ergibt eine Schachtel von 6,5 × 6,5 cm. Für eine Schachtel von 13 × 13 cm muss man die Vorlage beim Fotokopieren um das Doppelte vergrößern oder auf ein Karogitter von 2,5 cm großen Quadraten übertragen. Fertigstellung der Schachtel siehe Seite 27.

QUADRATISCHE SCHACHTEL (rechts)
Die Vorlage ergibt einen Würfel von 5 cm Kantenlänge. Für eine Schachtel von 10 cm Kantenlänge muss man die Vorlage beim Fotokopieren um das Doppelte vergrößern oder auf ein Karogitter von 2,5 cm großen Quadraten übertragen. Gestrichelte Linien = Falzlinien. Fertigstellung siehe Seite 27.

SCHACHTELN, SPITZTÜTE UND ANHÄNGER

SPITZTÜTE (rechts)
Die Vorlage ergibt eine Spitztüte von 11,5 cm Länge. Für eine Tüte von 23 cm Länge muss man die Vorlage beim Fotokopieren um das Doppelte vergrößern oder auf ein Karogitter von 2,5 cm großen Quadraten übertragen. Fertigstellung siehe Seite 29.

GEPÄCKANHÄNGER (u. rechts)
Die Vorlagen ergeben vier Anhänger. Beispiele für fertige Anhänger siehe Seiten 82 und 126–127.

SPITZTÜTE

FLACHE SCHACHTEL

GEPÄCK-ANHÄNGER

IDEEN UND MUSTERVORLAGEN ◆ VORLAGEN ZUM ABZEICHNEN

GLÜCKWÜNSCHE

PAPIERBLÄTTER
(unten und rechts)
Für Dekorationsvorschläge siehe Seite 39.

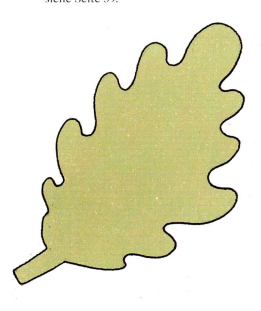

HOCHZEIT

HERZEN MIT PERFORIERTEN MUSTERN (rechts und gegenüberliegende Seite)
Die drei größeren Herzen auf dieser und der nächsten Seite eignen sich als Geschenkanhänger und Karten. Die beiden kleineren Herzen auf der gegenüberliegenden Seite können als Mustervorlage für wiederholte Designs auf Papier oder als Kartenränder dienen. Anleitungen siehe Seiten 42 und 43.

GLÜCKWÜNSCHE UND HOCHZEIT

HOCHZEIT

KARTE MIT PERFORIERTEM MOTIV (rechts)
Für eine kleine Karte verwendet man die Vorlage in der abgedruckten Größe. Für eine große Karte die Vorlage beim Fotokopieren um das Doppelte vergrößern oder auf ein Karogitter von 2,5 cm großen Quadraten übertragen. Fertigstellung siehe Seiten 42 und 43.

PERFORIERTES GESCHENKPAPIER (unten)
Die Vorlage zeigt die Anordnung der Herzen auf dem Geschenkpapier Seite 42 und 43. Eines der Herzen übertragen, ausschneiden und als Schablone benutzen.

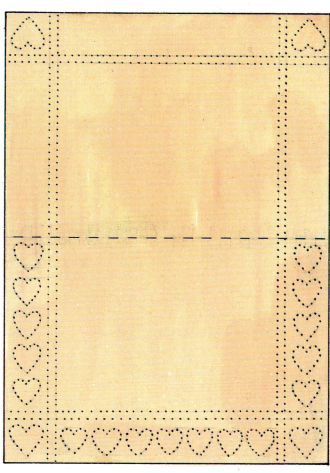

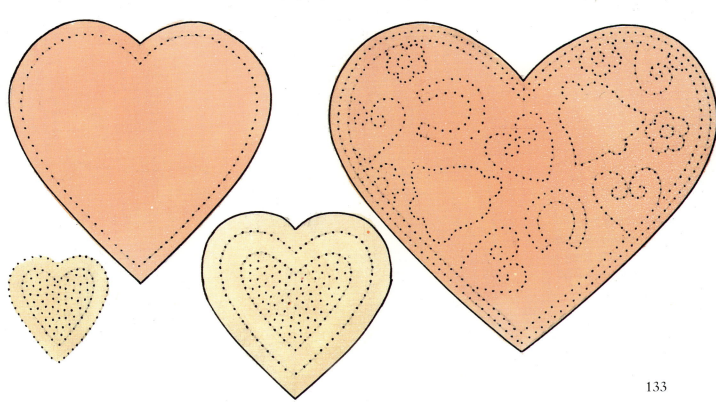

133

IDEEN UND MUSTERVORLAGEN ◆ VORLAGEN ZUM ABZEICHNEN

GEBURT

KINDERKETTE
Nicht vergessen, dass die Motive an den Händen verbunden bleiben müssen! Arbeitsanleitung siehe Seite 51.

HASENKETTE
Nicht vergessen, dass die Motive an den Schwänzen verbunden bleiben müssen! Arbeitsanleitung auf Seite 51.

ANHÄNGERMOTIVE
Hase (rechts) und Vogel (außen rechts). Arbeitsanleitung siehe Seite 50.

GEBURT UND KINDERGEBURTSTAG

KINDERGEBURTSTAG

ALPHABET UND ZIFFERN
Buchstaben und Ziffern entweder beim Fotokopieren vergrößern oder verkleinern oder auf ein anderes Karogitter übertragen (siehe Seite 128). Beispiele für Anhänger und Karten finden sich auf den Seiten 56 und 57.

ABC
DEFGH
IJKLM
NOPQ

IDEEN UND MUSTERVORLAGEN ◆ VORLAGEN ZUM ABZEICHNEN

KINDERGEBURTSTAG   ALPHABET UND ZIFFERN

RSTUV
WXYZ
12345
67890

KINDERGEBURTSTAG UND VALENTINSTAG

VALENTINSTAG

SCHABLONIERVORLAGE ROSE UND BLATT

Rosenblüte (außen rechts) und Blatt (rechts). Anleitung zur Herstellung und Verwendung von Schablonen siehe Seite 66 und 67; fertiges Beispiel siehe Seite 64.

SCHABLONIERVORLAGE HERZEN

Aus der großen Auswahl kann man das Herz wählen, das am besten zum vorgesehenen Projekt passt. Die in den Projekten auf den Seiten 66 und 67 verwendeten Herzen wurden folgendermaßen eingesetzt: A für den Anhänger, B und C für Schablonen zur Dekoration von Geschenkpapier.

137

IDEEN UND MUSTERVORLAGEN ◆ VORLAGEN ZUM ABZEICHNEN

VALENTINSTAG

PAPIERROSE
Arbeitsanleitung siehe Seiten 68 und 69.

Teil C ist der Anfang (das rechte Ende) der Rosenvorlage, Teil B die Mitte und Teil A das Ende. Für die große Rosenblüte setzt man das Teil B neunmal zwischen die Teile A und C, wie es die kleine Abbildung unten zeigt, und schneidet die Vorlage aus. Für die Rosenknospe setzt man den Teil B nur siebenmal ein.

ROSENBLÄTTER
Vorlagen für Rosenblätter in zwei Größen (rechts und rechts außen). Anleitung siehe Seiten 68 und 69.

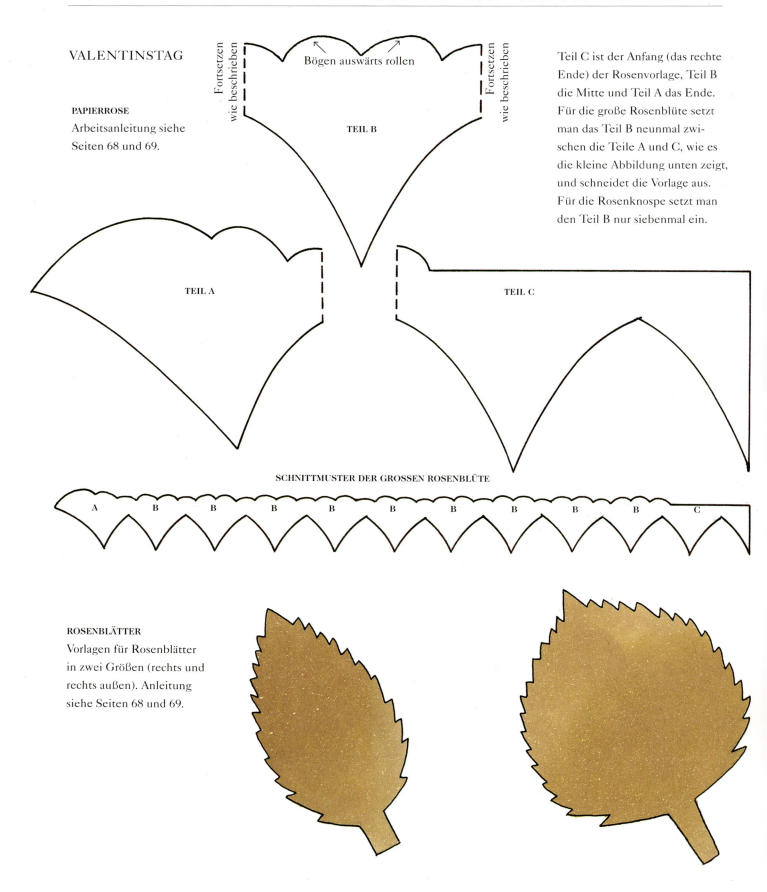

138

VALENTINSTAG, MUTTERTAG UND OSTERN

OSTERN

GELBE PAPIERBLUME
Man benötigt die rechts stehenden Formen für die Blütenblätter, den Stiel und die Blätter, die man alle einzeln überträgt, ausschneidet und dann, wie auf Seite 74 beschrieben, zusammensetzt.

GÄNSEBLÜMCHEN
Aus der Vorlage unten und der Anhängerbasis (unten rechts) macht man einen Gänseblümchenanhänger oder eine Karte wie auf Seite 75 beschrieben.

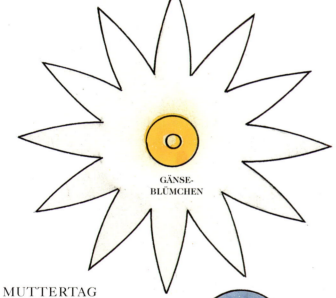

MUTTERTAG UND OSTERN

RUNDBLÄTTRIGE BLÜTEN
Nach den Vorlagen rechts und rechts außen können einfache Blüten aus Papier gerissen werden (Seiten 78/79). Die Vorlagen können auch für Osterblüten (Seite 70) oder Blütenanhänger (Seite 112) verwendet werden.

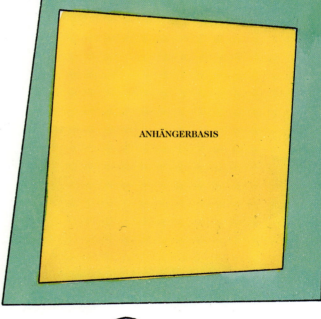

139

IDEEN UND MUSTERVORLAGEN ◆ VORLAGEN

TRADITIONELLE WEIHNACHT

GROSSER STERN (rechts)
Das Motiv kann als Christbaumschmuck oder als kleine Geschenkverpackung dienen. Anleitung siehe Seiten 92 und 93.

STERNSCHABLONEN
Seite 66 zeigt, wie man aus den Sternen (rechts und unten) eine Schablone schneidet. Anleitungen, wie man mit den Schablonen eine Schachtel im Verfahren mit trockenem Pinsel dekoriert, findet man auf den Seiten 90 und 91.

BAUM MIT STERNSPITZE
(unten) Eine Anleitung, für Baumschmuck oder eine Geschenkverpackung findet man auf Seite 93.

TRADITIONELLE WEIHNACHT

SCHABLONEN FÜR CHRISTBAUMSCHMUCK UND ANHÄNGER
Das große Stechpalmenblatt (rechts), der Engel und die Kugel (unten) können als Christbaumschmuck oder als kleine Geschenkverpackung dienen. Anleitung siehe Seiten 93. Das kleine Stechpalmenblatt (unten) kann man als Geschenkanhänger, siehe Seite 92 und 113, oder als Schablone zur Schablonierung mit trockenem Pinsel, siehe Seite 90, verwenden.

IDEEN UND MUSTERVORLAGEN ◆ VORLAGEN ZUM ABZEICHNEN

RUSTIKALES WEIHNACHTSFEST

NIKOLAUSSTIEFEL MIT HERZMOTIV
Der Stiefel und die Herzmotive sind um die Hälfte verkleinert abgebildet. Um einen Stiefel von 46 × 19 cm herzustellen, muss man die Vorlagen beim Fotokopieren um das Doppelte vergrößern oder auf ein Karogitter von 2,5 cm großen Quadraten übertragen. Die Naht ist durch die gestrichelte Linie angedeutet. Fertigstellung siehe Seiten 96 und 97.

GESCHENKBEUTELDEKORATION
Die Zackenkante (rechts) ist um die Hälfte verkleinert abgebildet. Man muss sie beim Fotokopieren um das Doppelte vergrößern oder auf ein Karogitter von 2,5 cm großen Quadraten übertragen. Fertigstellung siehe Seite 99.

GESCHENKBEUTEL-DEKORATION
Der Stern (oben) wird in der abgebildeten Größe verwendet. Fertigstellung des Geschenkbeutels siehe Seite 99.

RUSTIKALES WEIHNACHTSFEST

RUSTIKALES WEIHNACHTSFEST

HERZMOTIV (unten)
Das Herz kann als Karte, Anhänger oder alternative Dekoration des Geschenkbeutels verwendet werden. Siehe Seiten 96 bis 99.

STERNMOTIVE (rechts)
Stern A kann für einen Geschenkbeutel, Sterne B und C für Karten und Anhänger verwendet werden (siehe Seiten 99 und 94). Stern D ist für den großen Baum unten.

RENTIERMOTIV (unten)
Anleitung zur Benutzung des Motivs siehe Seite 98.

BAUMMOTIVE (rechts)
Der große Baum dient zur Dekoration des Geschenkbeutels, siehe Seite 99. Die beiden kleineren Bäume können zur Dekoration von Karten und Anhängern oder als alternative Dekorationen von Geschenkbeuteln oder Nikolausstiefeln verwendet werden.

REGISTER

Abdeckband 11
Alphabet, Vorlagen 135–136
Anhänger 42, 62, 75, 92, 110, 112, 126
    Aufgeklebte Motive 61
    aus gerissenem Papier 126
    aus geschnittenem Papier 126
    Beklebter Motivanhänger 63
    Bestempelte Anhänger und Karten 86, 126
    Blumenanhänger 127
    Découpage-Anhänger 127
    Geschenkanhänger 78, 86
    Herzanhänger 66–67
    Kartenanhänger 63
    Schablonierter Anhänger 127
    Sternanhänger 92
    Zahlen- und Buchstabenanhänger 126
Anhänger und Ketten 50
    Geschenkanhänger 50
    Motivkette 50

Bänder und Schleifen 18–23, 124
    Aufgeschnittene Fadenschleife 23, 125
    Bastschleife 18, 20, 124
    Dekorierte Schleife 22
    Drahtkantenband 18, 124
    Kordel 18, 124
    Krepppapierschleife 18, 125
    Kunststoffband 18
    Papierband 21, 124
    Ripsband 18, 125
    Schleife mit Fransen 21, 124
    Schleife mit gelockten Enden 125
    Stickgarn 18
    Stoffband 18
    Tüllschleife 124
Bandmaß 11
Bestempelte Anhänger und Karten 86
Bestempeltes Papier 84, 120
Beutel *siehe* Schachtel
Blumen als Geschenk 100–115
    Blumentöpfe dekorieren 114
    Blumentopfgesichter 106–107
    Blumenzwiebeln 104
    Fruchtkörbe 103
    Blumentöpfe verpacken 17
Buchstaben 56
    Buchstabenkarte 57

Christbaumschmuck 93
Cutter 11

Découpage 60, 118, 121
Dekoration

Golddekoration 38
    mit Strukturfarbe 37
    Naturdekoration 122
    Sterndekoration 90–91
    Streifendekoration 90–91
    Strichdekoration 37
    Trockenpinseldekoration 37
    Tülldekorationen 44
Drahtkantenband 18, 124
Dreidimensionale Karte 87

Flaschen verpacken 17
Folienpapier 13
Frische Blätter 122
Frische Blüten 122

Gebleichtes Papier 72, 119
Geburt 46–51, 134
Gepresste Blätter 39
Gerissenes Papier 78, 119
Geschenkanhänger 78–79
Geschenkband 80, 85
Geschenke verpacken 14–17
Geschenkpapier 12, 42, 84
Geschnittenes Papier 119
Glückwünsche 34–39
Golddekoration 38
    Zweige vergolden 38
Grundausstattung 10–11
Grußkarte 98
Gummistempel 11

Handgeschöpftes Papier 12
Hochzeit 132

Karte 42
Kartoffelstempel 85
Kette *siehe* Anhänger
Kindergeburtstag 52–57, 135
Kleber 11
    Klebeband 11
Kopierpapier 11, 13
Kopierrad 11
Kreide 11
Krepppapier 13
Krepppapierbeutel 80

Locher 11
Lochverstärkungsringe 11

Marmoriertes Papier 12
Metallblätter 111
Mit Kreide bemaltes Papier 48
    Einfache Quadrate 49
    Einfache Streifen 48
    Karomuster 49
Mosaiktöpfe 115
Motive übertragen 11
Muttertag 139

Naturdekorationen 122
Nikolausstiefel 96–97

Ostern 70–75, 139

Packpapier 12
Papierblumen 74–75, 123
Papiere 12–13
    Bestempeltes Papier 84, 120
    Folienpapier 13
    Gebleichtes Papier 119
    Gerissenes Papier 78, 119
    Geschenkpapier 12, 42, 84
    Geschnittenes Papier 119
    Handgeschöpftes Papier 12
    Kopierpapier 13
    Krepppapier 13
    Marmoriertes Papier 12
    Packpapier 12
    Perforiertes Papier 119
    Seidenpapier 12, 72–73
    Tonpapier 13
    Transparentes Papier 13
    Wellpappe 12
    wiederverwenden 13
Papierrosen 68–69, 123
Papierrosenstrauß 69
Perforiertes Papier 42, 119
Pinsel 11

Quaste 23

Rollen verpacken 16

Schablonen 11, 66, 90, 120, 121
Schachteln, Tüten, Beutel 14–15, 26–31, 54, 55, 60, 81, 98
    Dekorierter Stoffbeutel 99
    Papiertüte mit Henkel 28
    Schachtel aus Wellpappe 27
    Spitztüte 29
    Stoffbeutel 30–31
    Zellophanbeutel 29
Scheren 11
Schleife binden 18
Seidenpapier 12, 72–73
Spritztechnik 36, 118
Sterndekoration 90–91
Stoffcollage 121
    mit trockenem Pinsel 120
Streifendekoration 90–91
Strichdekoration 37

Tonpapier 13
Töpfe
    Mosaiktöpfe 115
    Sträuße und Töpfe verpacken 17, 108–109
Transparentes Papier 13
Trockenpinseldekoration 37
Tülldekorationen 44
    Bonbonniere 45
    Tüllschleife mit Konfetti 44
Tüte *siehe* Schachtel

Umschläge 24–25, 62
    Beutelumschlag 25
    Umschlag mit Laschen 25
Unterklebte Motive 61

Valentinstag 64–69, 137–138
Vatertag 82–87
Vergolden 123
Vorlagen 128–143
    Alphabet 135–136
    Anhänger 131
    Blumen 139
    Christbaumschmuck 140–141, 143
    Geschenkbeutel 142
    Hasenkette 134
    Herzen 133, 137, 143
    Kinderkette 134
    Nikolausstiefel 142
    Papierblätter 132
    Rose 137–138
    Schachteln 130–131
    Spitztüte 131
    Umschläge 128–129
    Weihnachtsstern 140, 143
    Ziffern 135–136
Vorlagen zum Abzeichnen 128–143

Weihnacht, traditionelle 88–93, 140–141
Weihnachtsfest, rustikales 94–99, 142–143
Wellpappe 12

Zackenbändchen 87
Ziffern 56, 126